JN418983

착각에 빠진

한국교회

착각에 빠진

한국교회

발행일 1판 1쇄 2015년 10월 5일 1판 2쇄 2016년 1월 30일 **발행인** 정상철 **저자** 최재석
펴낸곳 충남대학교출판문화원 **주소** 대전광역시 유성구 대학로 99 **전화** 042-821-6045
홈페이지 http://cnupress.co.kr **E-mail** cnupress@cnu.ac.kr

ISBN 978-89-7599-552-1 03230
정가 12,000원

착각에 빠진 한국교회

최재석

충남대학교출판문화원

머 리 말

고대 희랍의 델피 신전 입구에 걸린 현판에는 "너 자신을 알라."는 경구가 새겨져 있었다. 이 말은 '인간아! 너는 신이 아님을 깨달아라.' 혹은 '너는 기껏 죽을 인간임을 명심하라.'를 의미한다. 달리 말하면, '너를 신으로 착각하지 말라.' 혹은 '네가 영원히 살 것처럼 착각하지 말라.'는 뜻이다. 그 현판을 내걸었던 신전의 사제들은 사람들이 착각하고 있으면서도 자기들이 착각하고 있다는 것을 모르기 때문에 그들을 깨우쳐 주려고 했다.

소크라테스도 소피스트들이 착각하고 있다는 것을 깨우쳐 주기 위해서 '너 자신을 알라.'는 경구를 자주 인용했다. 자기들의 지식에 대해서 자부심을 지니고 있던 소피스트들은 그들의 지식을 자랑하고 다녔다. 그러나 소크라테스가 보기에 그들이 알고 있는 것에는 오류가 많았다. 그래서 이 철학자는 자신은 아무 것도 모른다고 말하면서 소피스트들에게 접근해서 그들과의 대화를 통하여 그들이 알고 있는 것이 옳지 않다는 것, 다시 말해서 그들이 착각하고 있다는 사실을 깨우쳐 주려고 노력했다.

2천 년 전의 유대인들은 자신들이 하나님을 아주 잘 믿는다고 생각했지만, 예수님은 그들이 착각하고 있다는 것을 알고 계셨다. 그래서 예수님은 그들의 율법주의적 신앙과 독선적이고 위선적인 삶을 지적하셨다. 그러나 그들은 예수님의 말씀을 받아들이지 않고 오히려 예수님을 비난하고 공격했다. 그래서 예수님은 그들이 착각에 빠져 있는 것을 안타까워 하시면서 "귀 있는 자는 들을지어다"라고 말씀하셨다.

어느 한국의 신학자는 신학자들은 저 만큼 앞서가고 있는데 한국의 교인들은 전근대적인 세계에 머물러 있다고 말했다. 그의 말이 사실이라면, 현대 사회에 사는 교인들이 정말 전근대적인 사고의 틀에 갇혀 있다면, 올바르게 신앙생활을 하고 있다고 믿는 한국교인들 역시 착각에 빠져 있다고 볼 수 있다.

그런데 그 신학자의 말이 사실인 것 같다. 에덴동산에서 뱀이 하와와 이야기한 것은 뱀을 의인화한 우화 아니겠느냐고 말하면, 한국의 그리스도인들 가운데에는 성경은 문자 그대로 믿어야 한다고, 태초에는 뱀도 사람처럼 말했다고 우기는 사람들이 많다. TV에 나오는 여 목사가 설교를 잘하더라고 말하면, 여자는 교회에서 잠잠하라고 했는데 그런 성경구절도 지키지 않는 사람이 설교를 하다니 참 한심하다고 응대한다. 한국교회의 목사들이 타락했다고 말하면, 목사를 비판하면 벌 받는다고 주의시킨다. 성경과 문학의 관계를 말하면, 문학은 인간에 관한 이야기라고 말하면서 귀 기울이려 하지 않는다. 그리고 누가 현대신학을 언급하면, 진리는 변하지 않는 것이라고, 세상풍조를 따라가면 안 된다고 말하면서 그 사람을 이단시한다. 그런데 세상은 변하고 인간의 생각도 바뀌기 때문에, 전에 옳다고 생각한 것이 지금은 옳지 않은 것으로 판명되는 수가 많다. 현대인은 현대인의 언어로 말하지 않을 수 없다.

우리는 개신교야 말로 진리의 보루라고 믿고 있는데, 우리는 열심히 예배에 참석하고, 열심히 기도하고, 열심히 성경을 읽고, 열심히 봉사하면서 주님의 뜻대로 살려고 노력하는데, 사람들은 한국교회에 문제가 많다고, 한국교회가 추락하고 있다고 말한다. 교회가 세상의 빛과 소금이 되기는 커녕 세상을 따라가지도 못한다고, 오히려 사회를 오염시키고 있다고 말하는 사람들이 많다. 교회 밖의 사람들은 벌떼처럼 교회를 공격해오고, 교회 내부에도 제2종교개혁이 필요하다고 말하는 사람들이 있다. 개신교 교인들이 성당으로 간다는 말이 들리는가 하면, 교인들이 해마다 줄어든다는 말도 있다.

한국교회에 그렇게도 문제가 많다면, 우리가 잘 믿는다고 생각한 것은 실상 착각에 불과했단 말인가? 그렇다면 우리가 어디선가 정도를 벗어났다는 이야기다. 이제 겸허한 자세로 우리를 돌아보면서 우리가 어디서부터 길을 잃기 시작했는지 살펴야 할 것 같다. 나는 이 책에서 한국의 그리스도인들이 착각하고 있는 것이 무엇인지, 한국교회가 어디서부터 길을 잃게 되었는지, 한국교회가 바로 서기 위해서 어떤 일을 해야 하는지를 살펴보려고 한다. 궤도를 벗어난 한국교회가 정상궤도에 진입하는 데에 이 책이 조금이라도 도움이 되었으면 한다.

나는 문학과 신학의 학제적 연구에 힘써 왔다. 그동안 그레이엄 그린을 중심으로 영어권의 그리스도교 작가들을 연구하면서, 문학작품에 나타난 신학적 문제를 중점적으로 다루었다. 그리고 신학과 문학의 관계를 다루기도 했다. 이 책 『착각에 빠진 한국교회』에서는 성경, 문학, 한국의 교회, 이 세 가지 관계를 고찰했다. 달리 말하면, 문학적 성경 읽기를 통해서 한국교회의 현주소를 드러내면서 개선책을 모색해 보았다.

이 책을 내는 데에 도움을 주신 분들에게 감사를 표하고자 한다. '당당뉴스'의 관리자 심자득 목사님은 내가 여기에 수록된 글들을 쓸 수 있는 계기를 마련해 주셨다. 한국문학과종교학회의 양병현 회장님은 『문학과 종교』에 내 글을 실어주셨다. 그리고 장화일 사목회장님은 가톨릭교회에 대한 자문에 인내심을 가지고 응해주셨다. 이분들에게 깊은 감사의 말씀을 드린다. 또한 '당당뉴스'에 실린 내 글을 읽어준 분들에게 감사한다. 그분들의 관심과 격려가 없었더라면 계속해서 글을 쓸 수 없었을 것이다. 이 자리를 빌려서 그동안 일에 몰두하는 나를 참아준 자녀들과 공부할 수 있도록 도와준 집사람에게 미안한 마음과 고맙다는 말을 전한다. 그리고 출판계가 어려움을 겪고 있는 때에 이 책의 출판을 맡아준 충남대학교출판문화원의 민경택 교수와 수고해준 직원들에게 감사한다.

특별히 나를 위해서 온갖 수고를 아끼지 않으신 최재원 장로님에게 동생이 감사하는 마음을 항상 간직하고 있다는 말씀을 전하면서, 이 책을 형님께 드린다.

목 차

제1장 여기서 길을 잃었다.

제2장 여기서 헤매고 있다.

제3장 아직도 마차를 고집한다.

제4장 이제 자동차를 타자.

제5장 이제 마음을 열자.

제6장 지금은 나서야 할 때

제 1 장

여기서 길을 잃었다

루터를 비롯한 개혁자들은 믿음을 강조하고 행함을 외면했다. 가톨릭교회에 맞섰던 루터는 가톨릭교회에서 중시하는 공적을 대신할 믿음을 로마서에서 찾아냈다. 그는 '오직'이라는 말을, 칼빈은 '전적'이라는 단어를 좋아했다. 이러한 극단적 표현은 그들의 편향성을 보여준다. 로마서에서 믿음의 중요성을 언급한 바울은 로마서 안에서도 행위를 외면하지 않았을 뿐 아니라, 그의 서신서들에서는 사랑의 중요성과 믿는 자의 선한 싸움을 강조했다. 복음서들에서는 믿음과 행함을 모두 언급하면서 행함의 중요성을 역설했다. 우리는 균형을 유지해야 한다.

예수님은 이것과 저것 사이에서 하나를 택하기보다는 이것과 저것 모두를 택하는 양면수용의 태도를 취하셨다. 편향적 성경 읽기는 진리를 왜곡하기 때문에, 성경 전체를 보면서 이것과 저것을 모두 택해야 한다. 우리는 성경 자체보다 개혁자들의 신학에 의지하는 경향이 있는데, 그들의 신학보다는 예수님의 가르침과 삶이 더 중요하다. 본회퍼 같은 현대 신학자는 성령이 인도하시지만 그 인도를 따르는 인간의 행동도 중요하다고 본다. 믿음만을 강조하는 데서 길을 잃은 우리는 이제 믿음과 행위를 모두 중시하는 균형 잡힌 신학을 정립해야 한다.

1. 편향성의 오류

우리는 이것과 저것 사이에서 하나를 편드는 데에 익숙해져 있다. 손자는 그의 병법에서 전쟁이 일어나서 양편이 싸울 때는 어느 한 편에 가담해야 한다고 말했다. 만약 중간입장을 취하면 양측으로부터 공격을 받아 죽게 된다는 것이다. 정치 현실에서도 여당에 속하거나 야당에 속해야지 무소속은 힘을 쓰지 못한다. 그래서 무소속으로 출마하여 당선되더라도 다음에 어느 한 당에 들어가게 된다.

우리는 삶의 현장뿐 아니라 신앙에서도 편향적으로 생각하는 경향이 있다. 하나님은 모든 인간을 창조하셨는데도 그 하나님을 믿는 이스라엘 민족은 자기들만이 구원받을 수 있고 이방인들은 저주의 대상이라고 보았다. 하나님이 인간을 사랑하셔서 육신을 입고 세상에 오셨는데, 그리스도인들은 영의 세계를 중시하고 육의 세계를 외면하는 경향이 있다. 개신교인들 가운데에는 가톨릭교회에는 구원이 없는 것처럼 몰아가는 사람들이 있고, 신학자들은 성경에서 자기의 마음에 드는 것만을 골라서 논리를 전개하는 수가 있다.

† 양면수용의 복음

이러한 신앙인의 편향성을 예수님은 어떻게 보실까? 40일 동안 금식하신 예수님에게 사탄이 돌들을 떡덩이로 만들라고 말하면서 유혹할 때, 예수님은 인간은 떡으로만 살 것이 아니고 하나님의 말씀으로 살아야 한다고 말씀하셨다. 성경의 말씀을 중시하는 독자들은 예수님이 하나님 말씀만을 중시하신 것으로 읽을 가능성이 있지만, 실상 예수님은 '떡으로만'에서 '만'을 언급하심으로써 떡의 중요성도 간과하지 않으셨다. 가이사에게 압제를 받는 유대인들이 가이사에게 세금을 바치는 것이 옳은가 물었을 때, 예수님은 예상 밖으로 가이사의 것은 가이사에게 하나님의 것은 하나님에게 바치라고 말씀하셨다. 여기서 사물을 편향적으로 보는 데에 익숙한 우리와 달리, 예수님은 육적인 것과 영적인 것, 가이사의 것과 하나님의 것을 모두 중시하신 것을 본다.

마가복음 12장에서 어느 서기관이 예수님에게 모든 계명 중에 첫째가 무엇이냐고 물었다. 이때에 예수님은 첫째 계명은 하나님을 사랑하는 것이라고 대답하시면서 그 서기관이 기대하지 않았던 둘째 계명까지 말씀하셨는데, 그 둘째 계명은 이웃을 네 자신과 같이 사랑하라는 것이었다. 그리고 이 두 계명이 모두 중요하다고 덧붙이셨다. 예수님은 그 서기관이 묻지 않은 둘째 계명을 언급하심으로써 하나님 사랑에만 몰두하면서 이웃 사랑을 외면하는 유대인들의 편향성을 지적하셨다.

당시 유대인들은 인간에 대한 사랑을 소홀히 하고 있었다. 그들은 하나님을 공경하는 일에 치중하면서 부모에 대한 배려를 외면하는 고르반이라는 장로들의 전통을 지키고 있었다. 계명 중 첫째가 무엇이냐는 서기관의 질문에 앞서서 예수님은 마가복음 7장에서 이 고르반의 문제점을 지적하셨다. 유대인의 전통을 잘 알고 있는 그 서기관은 이웃 사랑이 중요하다는 예수님의 말씀을 들었을 때, 예수님이 인간에 대한 배려를 외면하면서 하나님만을 섬기는 유대인들의 편향성을 지적하신 것을 간파하고 있었을 것이 분명하다.

누가복음 10장에서는 예수님이 이웃 사랑을 강조하시자 율법교사가 그의 이웃이 누구인가를 묻는다. 이때에 예수님은 그에게 선한 사마리아인에 대한 비유 이야기를 해주신다. 사마리아인의 비유를 끝내면서 예수님이 그 율법교사에게 누가 강도 만난 유대인의 이웃이냐고 물으셨을 때, 그 율법교사는 자비를 베푼 사람이라고 대답한다. 당시 유대인들은 사마리아인들을 이방인으로 취급했기 때문에 사마리아인들을 그들의 이웃으로 생각하지 않았다. 여기서 우리는 자기네 동족만을 이웃이라고 생각했던 당시 유대인들의 편향적 사고와 달리 이방인까지를 이웃에 포함시키는 예수님의 포용적 태도를 보게 된다.

이방인을 외면하지 않고 이웃의 범주에, 구원의 대상에 포함시키시는 하나님의 뜻을 사도행전에서도 읽을 수 있다. 사도행전 10장에는 이방인 고넬료가 성령을 받는 사건이 기록되어 있다. 베드로는 "유대인으로서 이방인과 교제하며 가까이 하는 것이 위법인 줄"(행 10:28) 알고 있었지만, 하나님이 이방인을 구원받을 자들로 삼으셨다는 사실을 환상 중에 보고 그를 청하는 고넬료의 집을 방문한다. 그는 고넬료를 만나 그에게 복음을 전할 뿐 아니라 세례를 베푼다. 여기서 다시 우리는 이방인을 외면하는 유대인들의 편향적 태도를 볼 뿐 아니라, 그들의 생각과 달리 이방인까지를 포용하시는 하나님의 뜻을 발견한다.

이 고넬료 사건에서 그 이방인을 구원받을 자로 인정하시는 하나님의 기준은 그의 믿음과 행위, 다시 말해서 하나님 사랑과 이웃에 대한 사랑이다. 그는 "하나님을 경외하며 백성을 많이 구제하고 하나님께 항상 기도하더니" 환상 중에 천사의 음성을 듣는다. 그 천사는 "네 기도와 구제가 하나님 앞에 상달되어 기억하신 바가 되었으니"(행 10:2,4)라고 말한다. 사도행전 10장에서는 이 외에도 22, 31, 35절에서 거듭 그가 하나님을 경외하며 기도하는 사람 그리고 이웃을 사랑하여 구제하는 의인이라고 기록되어 있다. 그가 하나님을 경외하며 기도했다는 데서는 그가 믿음의 사람이라는 사실이 드러나고 백성을 구제했다는 데세는 선행의 사람이라는 것이 나타나기 때문에, 여기서 믿음과 행함의 양면을 언급하고 있다.

두 가지 사랑을 모두 중시하신 데서 나타나는 것처럼, 예수님은 두 면을 모두 받아들이는 양면수용적 태도를 취하셨다. 하나님이시며 인간이신 예수님은 양면수용을 몸소 체현하신 분이시기 때문에, 그 예수님이 하나님 사랑과 인간 사랑을 모두 중시하신 것은 자연스러운 일이다. 그리고 하나님은 만물을 창조하신 분이시고 인간을 지으신 모든 인간의 아버지시다. 그 하나님이 유대인들과 이방인들을 모두 당신의 자녀로 품으신 것 역시 논리에 맞고 자연스러운 일이다.

† 개혁자들의 편향성

유대인들과 마찬가지로 그리스도인들도 하나님 사랑에 치우친 나머지 이웃 사랑을 외면하는 경향이 있다. 하나님 사랑은 믿음의 영역이고, 이웃 사랑은 믿는 자의 행위의 영역이다. 그런데 개혁자들은 이신칭의의 교리를 내세우면서 믿음으로 구원받지 행위로 구원받는 것이 아니라고 주장했다. 성화의 단계를 도입한 칼빈의 경우에도 인간은 자신의 의지를 발휘하지 못하는 수동적인 존재였다. 많은 그리스도인들이 이신칭의의 교리에 의지해서 하나님의 은혜와 믿음을 중시하면서 믿는 자의 의지와 행위를 소홀히 해 왔다. 이웃을 사랑하는 행위, 구제하는 행위도 중요한데, 그러한 행위를 소홀히 한다면 그것은 편향적이다.

믿음이 중요하지 않다는 말이 아니다. 믿음이 없는 사람이 어떻게 그리스도인이겠는가? 믿음이 아주 중요하다는 사실에 의심의 여지가 없다. 그런데 '오직 믿음'에서 '오직'이 문제다. 개혁자들은 공로를 중시하는 가톨릭교회와의 차별을 위해서 그리고 믿음의 중요성을 강조하기 위해서 '오직'이라는 말을 사용했다. 루터의 '오직'에서부터 칼빈의 '전적'에 이르기까지 개혁자들은 극단적인 표현을 좋아했다. 이러한 극단적 강조는 광신을 낳고 사고의 균형을 잃게 만든다. 균형을 잃으면 넘어지게 되어 있다. 현재 우리가 당면한 한국교회의 타락상은, 교회의 가르침만을 고려한다면, 오직 믿음을 강조한 극단적 가르침에서 나왔다.

오직 믿음을 강조한 사람들이 타락해서 믿음 없는 자 같이 되었다는 것은 참으로 아이러니가 아닐 수 없다. 믿음이 있는 사람은 함부로 살지 않는다고 말하는 사람들도 있지만, 그것은 이상적이고 이론적일 뿐이다. 실상 믿음이 있는 사람이라도 행위를 소홀히 하면 타락하게 된다는 것을 타락한 한국교회가 보여주고 있다. 우리는 믿음과 행함 사이에 균형을 유지하도록 노력해야 한다. 믿음이 수레의 앞바퀴라면 행함은 뒷바퀴이기 때문에, 균형이 깨어지면 넘어지게 되어 있다. 균형을 잃으면 정도에서 벗어나고 거기서 길을 잃기 시작한다.

로마서에서 믿음을 중시하는 구절들을 읽은 루터는 로마서와 갈라디아서에 의지해서 이신칭의 교리를 확립했다. 그가 행함을 언급한 야고보서와 요한계시록을 불신했다는 것은 널리 알려진 사실이지만, 그는 복음서도 외면했다. 예수님을 믿는 그리스도인들이 예수님의 가르침이 기록되어 있는 복음서를 외면하고 바울의 글에만 집착한다면 그것이 온당한 일인가? 바울의 편지가 복음서보다 앞서 기록되었으니 바울의 글이 더 중요하다고 강변하는 것은 옳은 일인가? 바울의 서신에 나오는 내용 역시 예수님이 선포하신 복음에 기초한 것 아닌가? 예수님이 없었다면 바울은 없었다. 그런데 복음서를 제쳐 두고 로마서에만 매달리는 사람들을 보면, 마치 바울이 없었다면 예수님은 없었다고 생각하는 것처럼 보인다.

복음서에도 유대인들의 전통이나 율법으로는 구원받지 못한다고, 예수님의 새로운 복음을 받아들이고 예수님을 믿어야 구원받는다고 기록되어 있다. 복음서 어디에도 믿음이 중요하지 않다는 기록은 없다. 예수님은 네 믿음이 너를 구했다고, 당신 외에는 구원받을 길이 없다고, 불가능할 것 같이 보인다 하더라도 믿고 기도하면 이루어지지 않을 일이 없다고 믿음의 중요성을 선포하셨다. 우리는 로마서와 복음서 그리고 믿음과 행함을 모두 수용해야 한다. 이것이 바로 예수님의 양면수용의 정신을 본받는 일이다.

개혁자들은 하나님의 능력을 극대화하면서 인간의 전적 무능을 강조했는데, 그들이 주장한 것처럼 믿는 자에게 의지와 선택이 전혀 주어지지 않았다면 그 인간은 꼭두각시에 불과하다. 성경에서는 인간을 꼭두각시로 다루고 있지 않다. 하나님은 우리에게 하라 혹은 하지 말라는 계명을 주셨는데, 그 계명을 지키기 위해서는 인간의 의지와 노력이 요구된다. 구약을 관통하는 신명기 사관은 하나님의 명령을 지킬 때 복을 받고 지키지 않을 때 벌을 받는다는 것이다. 여기서 명령을 지키려면 노력해야 한다. 신약에는 인간의 몸을 입고 세상에 오셔서 우리를 구속하기 위해서 자신을 희생하신 하나님의 아들 예수를 믿으면 구원을 받고 믿지 않으면 구원을 받지 못한다고 기록되어 있다. 물론 성령이 믿도록 인도하시지만, 인간의 편에서도 믿기 위해서 노력해야 한다. 이 노력에는 의지가 수반되게 마련이다. 만약 인간의 의지와 노력이 전혀 감안되지 않는다면 인간의 삶에 대한 모든 책임이 하나님에게 있기 때문에, 심판날에 하나님은 인간을 벌할 수가 없다.

† 마치면서

현대인은 인간이 신의 꼭두각시라고 생각하지 않는다. 자신의 의지를 가지고 선택하며 노력하는 존재라고 믿는다. 이것은 우리의 경험이 말해 주는 것이며 앞에서 언급한 것처럼 성경의 계명에 내포되어 있다. 17, 18세기를 거치면서 특히 20세기에 와서 인간의 경험과 선택이 중시되고 그러한 사상은 신학에도 큰 영향을 미쳤다. 현대에 와서 축자영감설이나 절대예정론에 대한 주장이 약해진 것은 현대의 문화에서 인간의 역할이 힘을 얻게 되었기 때문이다.

그리고 현대에 와서 인간의 의지가 중시된 데에는 정치상황도 한 몫을 한 것으로 보인다. 절대군주국가에서는 백성이 꼭두각시에 불과하지만, 민주국가에서는 국민이 지도자를 선출할 뿐 아니라 국민의 여론이 국정의 방향을 결정하는 데에 큰 역할을 한다. 이러한 민주사회에서 사는 우리에게는 국민이 꼭두각시가 아니라는 생각이 몸에 배어 있기 때문에, 전통적인 하나님과 인간의 관계를 현대적인 언어로 재고하지 않을 수 없다. 정치 상황을 하나님과 인간의 관계와 연관시키는 것은 황당한 발상이라고 생각하는 사람이 없지 않겠지만, 인간은 주어진 시대의 상황에서 그 시대의 언어로 생각하고 말하게 되어 있다.

21세기의 글로벌 시대에는 편향성을 벗어나려는 움직임이 활발해졌다. 많은 사람들이 지금을 열린 시대, 대화의 시대, 소통의 시대라고 말한다. 『인도로 가는 길』의 작가 E. M. 포스터는 20세기 초에 발간된 그의 작품에서 수용적인 태도의 중요성을 보여주면서 그러한 태도는 '황혼의 비전'에서 나온다고 말했다. '황혼의 비전'으로 그가 말하고자 한 것은 나와 생각을 달리하는 사람들과 선을 긋지 않고 대화하는 태도는 노년에 이른 사람의 성숙한 정신에서 나온다는 것이었다. 미숙한 사람은 편향적이기 쉽다. 지적으로 성숙한 시대, 열린 사회를 표방하는 이 시대에는 닫힌 사고, 편향적인 사고를 불신한다.

편향성을 벗어나서 양면을 수용하는 태도는 일찍이 예수님이 성육신을 통해서 체현하신 일이고 예수님이 그 중요성을 강조하신 계명이다. 2천 년 전의 닫힌 사회에서 양면을 수용하는 열린 마음을 강조하시고 몸소 실천하신 예수님은 시대를 앞서가는 선각자였다. 그런데 예수님을 따른다는 그리스도인들이 예수님의 뜻을 외면하면서 편향적 태도를 지니고 있다는 것은 참으로 안타까운 일이다. 이렇게 예수님의 뜻을 외면하는 그리스도인은 길을 잃을 수밖에 없다.

대화의 시대를 맞이해서 지금까지 신앙인들이 지니고 있던 편향적인 태도의 오류를 돌이켜 보면서 예수님의 뜻을 묵상하는 것은 시의적절한 일이다. 우리는 개혁자들에 의지하기보다는 예수님의 가르침과 삶을 본받아야 한다. 개혁자들이 진리의 표준이 아니고, "내가 곧 길이요 진리요 생명"(요 14:6)이라고 선포하신 예수님이 진리의 표준이기 때문이다. 그리고 우리는 개혁자들의 신학을 통해서 바울의 서신서들을 볼 것이 아니라, 바울의 글 속으로 직접 들어가야 한다.

2. 바울은 행위를 외면했는가?

믿음으로 구원받는 것이지 행위로 구원받는 것이 아니라는 바울의 의인론에 대한 루터의 해석을 가감 없이 받아들이는 한국교회의 목회자들은 믿음만을 강조하고 행위에 별로 관심을 갖지 않는 경향이 있다. 혹은 믿는 사람은 선한 행동을 하려고 힘쓰지 않아도 성령이 인도하셔서 죄를 짓는 일을 하지 않게 된다고 믿는다. 하나님의 뜻에 따라 사는 삶이, 예수님을 닮는 일이 그렇게 수월하게 이루어질 수 있을까?

행위를 외면한 루터가 구원받은 사람으로서 하지 말아야 할 비인간적인 행동을 한 일이 있다. 영주들의 억압과 착취에 시달리던 농민들이 영주들에게 반대하는 운동을 대대적으로 벌이자, 루터는 그를 옹호해주던 영주들에게 농민들을 살해해도 된다고 말했다고 한다. 그러한 잔혹한 행위에 관여한 것을 훗날에 가서 후회했다고 하는데, 행위를 외면한 그의 칭의 교리에 문제가 있다는 것이 그의 삶을 통해서 드러난다. 어쩌면 행위를 외면한 그의 삶이 선하지 못했다는 것은 자연스러운 귀결일 것이다. 그러한 귀결은 행위를 소홀히 하는 한국의 목사들이 타락하는 데서도 발견된다.

행위를 중시하지 않은 루터의 칭의 교리를 받아들여서 그 교리를 날마다 묵상하고 가르치는 교회의 지도자들이 도덕적 해이에 빠지고 육신적인 욕망에 사로잡혀서 온갖 비리에 관여하고 있다. 여의도의 목사 한 사람만 비도덕적이고 탈법적이면 크게 문제되지 않을 것이다. 많은 교회 지도자들이 그가 한 것과 유사한 일을 양심의 가책 없이 자행하고 있기 때문에 한국교회에 비상이 걸렸다. 목사들이 명예욕, 권력욕, 재물욕, 음욕, 권위주의, 이기주의, 파벌주의 등에 사로잡혀 있다고 증언하는 사람들이 많다. 또한 각종 그리스도교 지도자들의 모임은 '목피아'의 잔치라고 말하는 사람도 많다. 이렇게 행위를 소홀히 한 목사들 그리고 이러한 목사들이 가르치는 교회의 교인들이 정도를 벗어나서 길을 잃고 헤매고 있다. 우리는 바울이 믿는 자의 행위를 결코 소홀히 하지 않고 오히려 아주 중시했다는 점을 바로 알아야 한다.

† 믿는 자의 선한 싸움

하나님의 은혜로 구원받는다는 사실을 강조한 바울은 결코 믿는 사람이 행위를 소홀히 해도 된다고 말하지 않았다. 그는 단지 예수님을 믿지 않는 사람이 그의 행위만으로 구원받을 수 없다는 점을 지적했을 뿐이다. 로마서와 갈라디아서에서 바울이 믿음을 강조한 것은 유대교적 율법으로 구원받는 것이 아니고 예수님이 우리의 죄를 속량하시기 위해서 자신을 희생하신 그 은혜를 믿음으로써 구원받는다는 사실을 강조하기 위한 것이었다. 다시 말하면, 갈라디아서에서 그가 분명히 말하고 있는 것처럼, 바울은 그리스도교 신앙의 핵심은 예수님의 은혜를 믿는 것이라는 점을 강조하기 위해서 유대교적 율법과 예수님의 은혜를 대비시키는 데에 역점을 두고 있었다.

개혁자들의 신학으로 인해서 우리는 바울이 행위를 무시한 것으로 알고 있지만, 실상 그는 예수님을 믿는 사람은 하나님의 법에 따라 살기 위해서 힘써 노력해야 한다고 역설했다. 바울이 믿는 사람들의 행함을 말할 때, 믿는 사람은 믿음의 법을 따라야 하고(롬 3:27), 하나님을 본받는 사람이 되어야 하고(엡 5:1), 하나님을 기쁘시게 하는 사람이 되어야 하고(살전 4:1), 예수 안에서 행해야 하고(골 2:6), 심지어 바울 자신을 본받아야 한다고(빌 3:17) 말했다. 또한 우리가 잘 아는 대로 믿는 사람은 성령을 따라 행하면서(갈 5:16) 성령의 열매를 맺어야 한다는 점을 강조했다.

그런데 믿음의 법을 따라서 하나님을 기쁘시게 하는 삶을 사는 것, 예수 안에서 행하면서 예수님을 닮고 바울을 본받는 것, 그리고 성령의 아홉 가지 열매를 맺는 것은 결코 쉬운 일이 아니다. 그래서 바울은 "그리스도 예수의 사람들은 육체와 함께 그 정욕과 탐심을 십자가에 못 박았느니라"(갈 5:24)고 말했다. 이 말은 날마다 자신을 쳐서 십자가에 못 박은 바울 자신의 삶을 나타내기도 한다. 예수님이 "누구든지 나를 따라오려거든 자기를 부인하고 자기 십자가를 지고 나를 따를 것이니라"(막 8:34)고 말씀하신 것도 이러한 맥락에서 이해할 수 있다.

그래서 바울은 선한 싸움을 싸우라고 말했다. 자신이 선한 싸움을 싸우고 달려갈 길을 다 달려갔다고 말한 바울은 그의 제자 디모데에게 투기, 비방, 악한 마음, 욕심을 버리고 경건, 자족, 사랑, 인내, 온유를 따라 하나님의 사람으로 살기 위해서 "믿음의 선한 싸움을 싸우라"(딤전 6:12)고 충고했다. 육체의 법과 하나님의 법 사이의 갈등에서 하나님의 법을 따르기 위한 노력을 바울은 '믿음의 선한 싸움'이라고 말했다. 여기서 선을 행하기 위한 노력을 '싸움'이라는 단어를 사용해서 표현한 것을 보면, 믿음의 사람이 선을 행하는 것이 얼마나 힘든 일인지 알 수 있다.

바울은 갈라디아서 6장에서 육체를 위하여 심지 말고 성령을 위하여 심으라고 말한 다음 "우리가 선을 행하되 낙심하지 말지니 포기하지 아니하면 때가 이르매 거두리라"(9)고 말했다. 데살로니가후서 3장에서도 "형제들아 너희는 선을 행하다가 낙심하지 말라"(13)고 거듭 부탁했다. 여기서 바울은 먼저 믿음의 사람들은 선을 행하려고 진력해야 한다는 점을 분명히 했다. 그리고 선을 행하는 일은 도중에 낙심하고 포기할 마음이 들 만큼 힘든 일이라는 점을 강조했다.

바울은 왜 믿음의 사람들에게 이렇게 혼신의 힘을 다 해서 선을 행하라고 말했을까? 디모데전서에서 그 이유의 실마리를 찾을 수 있다. 그는 믿음의 사람의 경우에도 육체의 욕심을 따라 살면 "미혹을 받아 믿음에서 떠나"게 된다고 말했다(6:10). 그리고 바울에게 있어서 믿음의 선한 싸움을 싸우는 것은 "영생을 취"하기 위한 일이었다(6:12). 루터는 행위를 중시한 야고보서를 못마땅하게 여겼다고 하지만, 이러한 디모데 전서 6장의 말씀은 "만일 사람이 믿음이 있노라 하고 행함이 없으면 무슨 유익이 있으리요 그 믿음이 능히 자기를 구원하겠느냐"는 야고보서 2장 14절의 말씀과 통한다. 바울에 의하면, 믿음의 사람들이 믿음에 굳게 서려면 그리고 영생을 얻기 위해서는 믿음의 선한 싸움을 싸워야 한다.

그런데 루터는 바울이 믿음 없는 사람의 '율법의 행위'와 믿음 있는 사람의 '선한 싸움'을 구분한 것을 읽지 못하고 칭의 교리에만 몰두해서 믿는 사람의 행위에 대해서 큰 관심을 갖지 않았다. 루터는 바울이 말한 두 가지 중에서 하나만을 보고 그가 본 것을 확대해서 보여주었다. 이렇게 편향적으로 성경을 읽을 때 문제가 생긴다. 한국교회의 목회자들이 루터를 따라서 선한 싸움에 매진하지 않은 결과 오늘날 한국교회가 타락의 나락으로 빠지게 되었고, 세상 사람들의 지탄의 대상이 되고 말았다. 믿음의 사람이라도 선한 싸움을 힘써 싸우지 않으면 마귀의 유혹에 빠져서 타락하게 된다는 것을 바울은 정확하게 지적했다.

그리고 우리는 목회자들의 삶에서 그들이 성숙한 인간으로서의 인격을 갖추지 못한 것을 흔히 발견한다. 특히 성직자는 고매한 인격을 갖추어서 그 인격의 향기가 그의 삶에서 풍겨 나와야 한다. 그런데 그들이 입으로는 성령의 아홉 가지 열매를 열거하지만, 그들의 삶에서 그 열매들을 찾아보기 힘들 때 우리는 실망한다. 사랑, 희락, 화평, 오래 참음, 자비, 양선, 충성, 온유, 절제는 하루 이틀에 이루어질 수 없다. 성령의 열매를 맺는다는 것은 바로 인격의 변화를 말한다. 믿는 사람들이 성령 안에서 살면서 이러한 성령의 열매를 맺기 위해서는 오랫동안의 살을 깎는 노력이 필요하다. 그런데 믿음만을 내세우고 행함을 게을리 하면 성령의 열매를 맺을 수 있겠는가!

† 선한 싸움이 힘든 이유

그러면 왜 선을 행하기가, 하나님의 뜻대로 살기가, 성령 안에서 행하기가 그렇게도 힘이 드는가? 바울이 자신의 체험을 통해서 알고 있었던 것처럼 인간에게는 육체의 본능적 욕구가 있기 때문이다. 자신을 본받으라고 충고한 믿음의 사람 바울도 선을 행하기 원하는 자기에게 악이 함께 있다고 말하면서 자신 안에서 하나님의 법과 육체의 법이 싸운다고 말했다. 마음으로는 하나님의 법을 육신으로는 죄의 법을 섬기는 자신임을 고백하면서 믿음의 용사 바울이 "오호라 나는 곤고한 사람이로다 이 사망의 몸에서 누가 나를 건져내랴"(롬 7:24)고 탄식했다. 바울이 이렇게 탄식한 것은 믿음에 의해서 의인으로 인정받은 것을 확신한 바울도 본능적 욕구에 끊임없이 시달렸기 때문이다.

정신분석학자 프로이트는 바울이 말한 죄의 법과 하나님의 법 사이의 싸움을 본능적 욕구를 분출하는 이드와 이드를 제어하는 초자아 사이의 갈등으로 설명했다. 그는 그의 정신분석 이론에서 정신 과정을 이드, 자아, 초자아의 세 가지 정신 영역에 할당했다. 이드는 본능적 욕구를 위한 만족을 얻으려는 충동으로 끓어오르는 가마솥이다. 이드는 사회의 관례나 윤리, 도덕적 자제를 고려하지 않고 쾌락을 위한 인간의 본능을 만족시키는 일을 하려고 한다.

자아는 개인을 보호하고 정신을 다스리는 합리적인 작용을 한다. 자아는 이성과 신중을 나타내고 이드의 본능적 충동과 초자아의 도덕적 체계 사이의 조정자로 작용한다. 그리고 초자아는 도덕적 검열에 작용하는 양심과 긍지의 저장소다. 초자아는 이드의 충동을 억압하거나 금지시키는 일을 하고 사회가 용납할 수 없는 본능적 욕구의 충동을 막거나 그것을 무의식 속으로 밀어 넣는다.

본능적 충동인 이드는 우리를 악마로 만들려고 하고 도덕 원리인 초자아는 천사처럼 행동하게 만든다고 말할 수 있다. 프로이트에 따르면 그리스도교에서 강조하는 죄는 이드의 작용이고 성령에 따라 살게 하는 것은 초자아의 역할이다. 그래서 프로이트가 말하는 초자아, 바울이 말하는 하나님의 법이 강화되지 않으면 이드 혹은 육체의 법이 제어되지 못해서 성령의 열매를 맺지 못하게 된다. 요즘 한국교회의 타락한 목회자들의 경우에 프로이트의 초자아, 바울의 하나님의 법이 약화되었다고 말할 수 있다. 다시 말하면, 하나님의 법을 따르려는 노력을 게을리 한 결과 하나님의 법이 그들의 육체의 법을 제어하지 못해서 본능적 욕심이 그들을 지배하게 된 것이다.

성경에서 반복적으로 언급되는 인간의 죄성은 프로이트가 말한 이드의 본능적 충동이나 바울이 말한 죄의 법과 상통한다. 에덴동산의 하와가 하나님이 금지한 사과를 따먹은 것은 하나님과 같이 되고자 하는 욕심 때문이었다. 그들의 아들 가인은 하나님의 처사에 불만을 품고 동생 아벨을 죽였다. 하나님은 노아의 시대에 사람의 죄악이 세상에 가득한 것을 보시고 인간을 홍수로 진멸하셨고, 탑을 쌓아 하늘까지 닿으려는 인간의 욕심을 보시고 그들의 바벨탑을 허물었다. 이렇게 창세기의 태고사에서는 반복적으로 하나님에게 도전하거나 하나님의 처사에 불만을 품거나 쉽게 죄악에 물드는 인간의 죄성을 강조한다.

태고사에서 나타난 인간의 죄성은 그 다음의 세대들에서 거듭 나타났다. 신약에서도 죄의 문제는 그 중심에 자리하고 있다. 신구약 전체에서 인간은 은혜를 저버리는 존재라는 사실 그리고 인간은 쉽게 본능적 욕구에 사로잡혀서 하나님을 배반하는 죄를 짓는다는 사실이 거듭 강조되고 있다. 그래서 신학자들은 아담의 범죄에서 원죄를 보면서 인간의 죄성을 신학의 중심 문제로 삼고, 이 죄의 문제 위에 예수님의 십자가 신학을 구축했다. 바울은 이 죄의 용서를 자신의 신학의 핵심으로 삼았고, 칼빈은 인간의 전적 타락을 강조했다. 이토록 악한, 죄에 물든 인간이 예수님을 믿음으로써 의인으로 인정받기는 하지만, 그 뿌리 깊은 육체의 법을 극복하고 하나님의 뜻에 따라 선하게 산다는 것은 힘든 일일 수밖에 없다. 그래서 바울은 디모데에게 믿음의 선한 싸움을 싸우라는 간곡한 편지를 보낸 것이다.

† 마치면서

자신의 모토와 바울의 주장이 상통하는 데서 루터는 행위로 구원받을 수 없다는 확신을 얻었고 그 확신이 그에게 일종의 고정관념으로 작용했다. 이렇게 고정관념이나 선입견을 가지고 있을 때 우리는 듣는 것이나 읽는 것에 대해서 선입견의 틀 안에서 반응하게 된다. 예수님이 안타까운 마음으로 귀 있는 자는 들으라고 말씀하신 것은 유대인들이 그들의 고정관념으로 인해서 당신의 말씀을 받아들이지 않았기 때문이다. 그래서 예수님은 천국이 어린아이 같은 자의 것이라고, "어린아이와 같이 받아들이지 않는 자는 결단코 거기 들어가지 못하리라"(눅 18:17)고 말씀하셨다. 위대한 개혁자 루터도 행위에 관한 그의 선입견으로 인해서 바울 서신에 나오는 믿는 사람이 하나님의 법을 따라 살려고 노력해야 한다는 구절들을 간과하고 말았다.

바울이 경험했고 그의 서신서에서 강조하는 대로, 인간에게는 육체의 법, 죄성이 있어서 하나님의 법에 대립한다. 그래서 믿음의 사람들도 방심하면 본능적 욕구의 유혹에 빠지기 때문에, 우리는 믿음의 선한 싸움을 싸워야 한다. 우리가 육신의 법에 휩쓸릴 때 영생을 성취할 수 없다는 엄연한 사실을 직시해야 한다. 힘써 하나님의 뜻대로 사는 사람, 예수님의 인격을 닮는 사람, 선을 행하다 포기하지 않는 사람만이 영생의 면류관을 얻을 수 있다고 바울은 힘주어 말했다.

이 땅에 하나님의 나라를 건설하기 위해서는 바울이 디모데에게 조언한 대로 믿음의 선한 싸움을 싸워 나가야 한다. 그 싸움은 힘든 격렬한 싸움이다. 그 싸움에서 이기기 위해서는 오랫동안 호된 훈련을 해야 한다. 믿음만을 중시하고 행함을 소홀히 한 한국교회가 이렇게 무너져 가는 것은 모든 것을 하나님이 해주신다고 낙관하면서 이 힘든 훈련을 외면했기 때문이다. 그 싸움은 중도에 낙심하거나 포기해서는 안 되는 싸움이다. 지금 한국교회의 타락상을 보면서 우리는 믿는 자의 도덕적 행위를 더욱 중시해야 할 때를 맞이했다는 것을 자각하게 된다.

3. 도덕적 행위를 무시하는 종교는 없다

그리스도인들 가운데에는 그리스도교는 종교가 아니라고 말하는 사람들이 있다. 그들이 그렇게 말하는 것은 그리스도교만이 유일한 진리라고, 예수를 믿어야만 구원받을 수 있다고 믿기 때문이다. 예수님은 분명히 당신이 길이며 진리며 생명이라고, 당신을 통하지 않고는 영생을 얻을 수 없다고 천명하셨다. 그러나 그리스도교는 구약을 공통 경전으로 사용하는 유대교, 이슬람교와 친족관계고 힌두교나 불교와 마찬가지로 고등종교들 중의 하나다. 그리고 그리스도교도 종교학의 연구 대상이며, 종교에 대한 연구는 인문학의 한 분야다. 이러한 사실을 받아들이면서 모든 종교에 공통적인 도덕적 행위를 생각하고자 한다.

한국교회가 타락상을 보이는 것은 목회자들을 포함해서 많은 그리스도인에게 도덕의식이 결여되어 있기 때문이다. 그들에게 믿음이 없어서가 아니라 행함이 없기 때문에 이러한 사태에 이르게 되었다. 도덕이나 윤리를 말하면, 보통 그것은 인간적인 것이라고 말하지만, 실상 도덕은 그리스도인이 살아야 할 거룩한 삶의 중심축이다. 인간적인 것을 외면해야 한다고 말하는 사람들은 모든 것을 하나님이 알아서 해주시는 것이지 인간의 노력으로는 아무것도 할 수 없다고 말한다. 교회에서 그렇게 말하는 사람들이 있지만, 성경은 그렇게 말하지 않는다. 성경을 편향적으로 읽는 사람들을 많이 보는데, 중요한 것은 성경을 해석한 사람의 말이 아니라 성경에 어떻게 기록되어 있는가다. 한 가지 예로 예수님은 "구하라 그리하면 너희에게 주실 것이요"(마 7:7)라고 말씀하셨는데, 여기서 구하는 것은 인간 편에서의 노력이다. "너희는 세상의 소금이니"(마 5:13)라는 말씀이나 세상의 빛이라고 하신 말씀에서는 분명히 그리스도인이 빛과 소금의 역할을 해야 한다는 도덕적 행위를 강조하고 있다.

도덕은 우리가 인간답게 살기 위해서 행하는 행위와 관련되어 있다. 하나님은 당신이 거룩하시니 우리도 거룩해야 한다고 말씀하셨다. 이 거룩함은 우리의 삶에서 선을 구현하려는 도덕성이 회복될 때 우리의 행위를 통해서 나타난다. 일부 교회지도자들의 행위가 지탄을 받는 것은 그들에게 믿음이 없기 때문이 아니라 행함이 없기 때문이다. 그렇게 타락한 사람들이 천국에 갈 수 있을까? 물론 그러한 문제는 하나님이 결정하실 일이지만, 하나님의 말씀에 비추어 보면 그들은 분명히 게으르고 악한, 거룩하지 못한 사람들이다.

† 종교와 도덕적 행위

도덕적 행위를 통해서 인간은 스스로를 인격체로 세운다. 그리고 도덕의식이 있는 사람은 다른 사람을 만날 때 그 사람을 한 인격으로 대한다. 이러한 도덕적 행위 위에서만 정신의 차원이 그리고 정신과 함께 하는 인간의 존엄과 위대함이 자리 잡을 수 있다. 도덕적으로 살지 않을 때 죄를 짓는다. 영어의 'sin'은 이러한 도덕적인 행위에서 벗어나는 것을 의미한다. 그런데 도덕은 단지 윤리적인 차원일 뿐 아니라 종교적 차원이기도 하다. 그래서 예수님은 법적인 범법행위 이전의 비도덕적 행위를 죄로 규정하고 회개를 촉구하셨다. 예수님이 바리새인의 교만과 위선을 비판하신 것은 그들이 부도덕한, 불신앙적인 죄를 짓고 있었기 때문이었다.

도덕은 인간이 자신을 인격으로 세우는 행위를 위한 지침이기 때문에, 도덕적 명령은 무조건적으로 타당하다. 도덕이 결여될 때 문화는 불성실한 놀음이 되고, 종교도 불성실한 감정적 도취에 빠져서 타락하게 된다. 종교인의 인격은 도덕적 자기를 실현하는, 즉 중심을 가진 인격이 되는 부단한 행위가 없이는 그 중심을 잃고 분해되어 버린다. 지금 한국 교회가 중심을 잃고 흔들리는 것은 부도덕한 행위로 인해서 신앙인의 인격이 와해되었기 때문이다.

신앙인의 인격을 세우기 위해서 여호와는 십계명의 5계명에서 10계명까지의 도덕적 계명을 주셨다. 부모를 공경하라고, 살인하지 말라고, 간음하지 말라고, 도둑질하지 말라고, 거짓증거하지 말라고, 탐내지 말라고 말씀하셨다. 예수님은 주기도문에서 "우리가 우리에게 죄 지은 자를 사하여 준 것같이 우리 죄를 사하여 주시옵고"라고 기도하라고 가르치셨는데, 여기서 예수님은 이웃의 죄를 용서하는 행위를 요구하고 계신다. 그리고 예수님은 남에게 대접을 받고 싶으면 네가 먼저 대접하라는 황금률에서도 우리의 선행을 앞세우셨다.

이렇게 계명을 이야기하고 예수님이 가르치신 도덕적 규범을 말하면 바울은 율법으로 구원받지 못한다고 말했다고 반문해 올 것이다. 예수님이나 바울이 율법주의를 문제 삼은 것은 율법을 지키기만 하면 구원받을 수 있다는 사람들의 경우 믿음은 없으면서 외적인 행동에만 치우치는 것을 경계하기 위한 것이었다. 특히 바울의 경우 그 믿음은 예수님을 하나님의 아들로 믿는, 예수님의 구속의 은혜를 믿는 것을 의미했다. 예수님에 대한 믿음이 없는 유대인들의 율법적인 신앙 행위에서는 구원이 없다는 것을 밝히려 한 것이다.

실상 예수님은 고도의 도덕적 규범을 요구하셨다. 간음할 마음을 갖는 것만으로 간음한 것이고 미워하는 것만으로 살인한 것이라고 말씀하셨다. 이웃을 일곱 번씩 일흔 번이라도 용서하라는, 원수를 사랑하라는 예수님의 가르침은 인간이 따르기 아주 힘든, 높은 수준의 도덕적 행위를 요구한다. 예수님이 사랑이 모든 선지자의 가르침과 율법의 강령이라고 말씀하시면서 사랑을 강조하셨기 때문에 그리스도교를 사랑의 종교라고 말하는데, 이웃에 대한 사랑은 도덕적 행위의 영역에 속한다. 하나님이 명하시고 예수님이 가르치신 도덕적 행위를 통해서 우리는 거룩해질 수 있다.

그리스도교에서 도덕적 삶이 중요한 것은 현세의 삶에 따라서 내세에서의 보상이 결정되기 때문이다. 하나님을 믿고 선하게 산 사람은 낙원에 가지만, 악하게 산 사람은 지옥에 떨어진다. 이러한 내세에서의 보상 개념은 그리스도교에 한정되지 않고 모든 고등종교에서 공통적으로 나타난다. 힌두교에서는 세상에서 지키는 도덕적 삶을 통해서 업을 쌓아야 내세에서 보다 나은 삶으로 환생할 수 있다고 믿는다. 불교도 마찬가지로 현세의 도덕적 행위에 따라서 극락과 지옥으로 가게 될 뿐 아니라, 힌두교에서와 마찬가지로, 현세에서 쌓은 업에 따라서 환생이 결정된다고 믿는다. 이슬람교에서도 도덕적 가르침은 참된 신자가 알라의 인정을 받고 내세에서의 보상을 받기 위해 따라야 할 실천적 규범이다. 따라서 종교인들은 내세에서의 더 나은 삶을 위해서 현세에서 더 선한 생활, 도덕적인 삶을 살려고 노력하게 되어 있다.

이렇게 종교와 도덕은 밀접한 관계를 가지고 있다. 사회학자 뒤르켕은 종교를 '성스러움'에 기초한 믿음과 수행이라고 생각했다. 그는 종교를 단순히 도덕성을 고양시키는 기능을 가지고 있는 것으로 보지 않고 도덕성이 종교의 본질적 성격이라고 주장했다. 사회학적인 관점에서 종교적 힘을 도덕의 힘으로 간주했고 종교가 도덕 공동체를 만든다고 말했다. 신앙인의 관점에서 보면 그의 말은 문제가 있는 것이 사실이지만, 종교에서 도덕이 중요하다는 그의 견해는 참고할 만하다.

† 도덕적 행위를 외면한 교회

그런데 '오직 믿음'을 강조한 개혁자들은 도덕의 중요성을 무시했다. 루터는 도덕을 우리 안에 교만이 자라나게 하는 것으로 보고 도덕과 믿음 사이에 건너 뛸 수 없는 깊은 도랑을 파놓았다. 믿음과 행위를 대립시킴으로써 그리스도교 신앙에서 도덕의 영역을 축소시켰다. 도덕의식의 상실로 인해서 한국교회가 회개할 줄도 부끄러워할 줄도 모르게 되었다. 참으로 가슴 아프고 안타까운 일이다. 그런데 더욱 안타까운 것은 대부분의 그리스도인들이 개혁자들의 신학에 문제가 있다는 것을, 그들이 성경을 편향적으로 읽었다는 것을 간파하지 못한다는 점이다.

개혁자들의 '오직 믿음'을 충실히 따르면서 행위를 외면하는 사람은 그리스도인의 삶에서 도덕은 의미가 없다고 주장하기 쉽다. 오직 믿음을 강조하는 사람들은 로마서의 믿음 위에 신학을 정립하는 사람들이다. 로마서와 갈라디아서를 쓴 바울은 당시 유대 사회에서 율법주의적인 유대적 신앙과 예수님의 은혜에 기초한 그리스도교적 신앙을 구분하면서 그리스도교 신앙의 특성을 드러내려는 의도를 가지고 있었다. 거기서 은혜를 강조하기 위해서는 율법과 관계하는 행위를 최소화해야 했다. 그런데 바울은 예수를 믿는 믿음이 구원의 필수조건임을 강조했지만, 충분조건이라고 보지는 않았다.

'오직 믿음'을 내세운 개혁자들은 로마서에만 주목했는데, 다시 말하지만, 이것은 올바른 성경 읽기가 아니다. 로마서는 신약성경의 한 부분에 불과하다. 신약성경 전체의 문맥 안에서 로마서를 보아야지 로마서만을 가지고, 그것도 로마서의 일부만을 가지고 전체 신약성경의 내용을 재단하는 것은 글 읽기의 기본을 모르는 사람이 저지르는 실수다. 자기의 주장을 뒷받침하는 데 요긴한 구절들만을 골라서 어떤 주장을 뒷받침하는 것을 교리적 성경 읽기라고 말한다. 그런데 교리적 성경 읽기가 오류라는 사실은 이미 오래 전에 밝혀졌다.

교부들이 한 일은 혹은 개혁자들이 한 말은 무조건 옳다고 생각하는 것은 맹종이며 그들을 우상화하는 일이다. 그들은 하나님처럼 전지전능한 존재가 아니고 오류를 범할 수 있는 인간들이기 때문이다. 그들은 그들이 속해 있던 상황, 문화, 시간 안에 갇혀 있는 인간들이었고 신학자들이었다. 18세기의 영국 시인 알렉산더 포프가 "신은 용서하고 인간은 오류를 범한다."고 말한 데서 알 수 있는 것처럼, 인간은 오류를 범하는 존재다. 우리는 성경이 무엇이라고 말하는지를 신중하게 그리고 전체적으로 보아야 한다. 어느 한 인간의 말을 맹종하면 길을 잃기 쉽다.

✝ 마치면서

이제 우리는 '오직 믿음'의 모토를 '예수님의 복음'으로 보완해야 한다. 개혁자들뿐 아니라 많은 신학자들이 그들의 신학을 로마서의 의인론이나 구원론 위에 세우면서 복음서의 가르침을 외면했다. 위에서 언급한 것처럼, 로마서는 신약의 일부에 불과하기 때문에 로마서에만 집중하는 것은 올바른 성경 읽기가 아니다. 더구나 복음서는 하나가 아니고 넷이다. 이 사실은 복음서에 기록된 예수님이 하나님의 아들이라는 사실과 예수님의 삶과 가르침이 네 번 반복하여 강조되고 있다는 것을 말해준다. 그리고 그리스도교는 복음서의 예수에 기초한 예수교지 바울교가 아닌데, 마치 그리스도교가 바울교인 것처럼 생각하는 사람들이 있다. 착각은 자유라고 하지만, 그러한 착각에 빠지면 안 된다. 중요한 것은 균형감각이다.

상식인이라면 누구도 그리스도교에는 도덕이 필요 없다는 말을, 그리스도인에게 행함은 중요하지 않다는 말을 받아들이지 않을 것이다. 예수님은 이웃을 자기 몸과 같이 사랑하라고 가르치셨다. 여기서 이웃을 사랑하는 것은 도덕적인 행위다. 행위를 소홀히 한 한국교회가 현재 부패의 병에 걸려 있다. 병에 걸렸다고 진단이 나오면 서둘러 치료해야 하는데, 한국교회는 그 치료를 계속 미루고 있는 것처럼 보인다. 그렇게 미루다 보면 그 병으로 죽게 마련이다. 우리는 본회퍼의 신앙에서 한국교회의 병을 치료할 수 있는 길을 발견할 수 있다.

4. 디트리히 본회퍼와 행동

현대 신학자들은 세상 안에 있는 하나님, 신학 용어로 말하면, 내재하는 하나님을 중시한다. 그들이 초월적인 하나님을 부인하는 것은 아니지만, 초월하시는 하나님은 동시에 세상 안에서 역사하시는 하나님이라고 믿는다. 그들은 구약의 하나님처럼 힘을 가지고 인간의 역사에 직접 개입하는 하나님보다는 신약의 하나님처럼 인간을 위해서 자신을 내어주시고 인간과 함께 고통당하시는 하나님을 믿는다. 아우슈비츠에서 살아남은 한 신학자는 고통당하는 사람들과 함께 괴로워하는 하나님을 만났다고 말했다. 일본의 작가 엔도 슈샤꾸 역시 그의 소설『침묵』에서 개입하시는 능력의 하나님을 믿던 포르투갈 신부가 고통당하는 하나님을 만나는 것을 보여준다.

인간이 고통당하는 현장에서 직접 개입하지 않고 인간과 더불어 고통당하는 하나님을 말하는 신학에서는 하나님과 인간의 협동을 강조한다. 하나님이 침묵하는 곳에서 인간의 행동이 요구된다. 나치가 교회를 탄압하고 유대인을 학살하는 제2차 세계대전의 와중에서 본회퍼는 구약에서 이스라엘 민족을 인도하시던 카리스마 넘치는 하나님을 만날

수가 없었다. 그래서 그는 악을 저지르는 히틀러를 암살하려는 암살단에 가입해서 행동하려고 했다.

† 본회퍼의 신앙

목사가 암살단에 가입했다고 하면 끔찍한 일이 아닐 수 없다. 생명을 중시하고 생명을 살려야 하는 목회자가 어떻게 사람을 죽이는 암살단에 가입해서 활동할 수 있단 말인가! 예수님은 상대를 저주하기만 해도, 심지어 미워하기만 해도 살인하는 것이라고 말씀하셨는데, 목사가 살의를 가지고 그런 단체의 회원이 되었다면 예수님의 가르침을 외면한 것처럼 보인다. 그런데 본회퍼는 철저하게 예수님의 복음을 실천하려고 노력한 사람이다. 누구보다도 복음의 실천을 강조하면서 그리스도교 윤리에 관한 글을 쓰고 실천의 모범을 보여준 분이다.

그는 나치가 그리스도교를 변질시키고 유대인들을 학살하고 독일인들을 전장으로 내몰 때, 미국에 나가 있었다. 그는 미국에서 목회를 하고 신학을 가르치면서 편안하게 살 수 있었다. 그런데 그는 그 안전한 삶을 버리고 많은 사람이 고통 받는 그의 모국 독일로 돌아왔다. 그리고 히틀러를 암살하려는 단체에 가입해서 인종 학살을 일삼는 히틀러를 제거하려고 했다. 그는 이렇게 말했다. "만일 미친 사람이 대로로 자동차를 몰고 간다면 나는 목사이기 때문에 그 차에 희생된 사람들의 장례식이나 치러주고 그 가족들을 위로하는 것으로 만족해야 하겠는가? 만일 내가 그 자리에 있다면 그 달려가는 자동차에 뛰어올라 그 미친 사람으로부터 차의 핸들을 빼앗아야 하지 않겠는가?"

본회퍼는 가르칠 뿐 아니라 행동하는 신앙인이었다. 그는 39세에 나치에 의해 처형당했다. 그는 누구나 사회적 대결에서 도피하여 사적 덕행이라는 피난처를 구하고 싶어 하지만 그렇게 하면 자기를 둘러싸고 있는 부정에 대해서 눈을 감고 입을 봉하지 않으면 안 된다고 말했다. 그러면 바리새인들 중에서도 가장 위선적인 바리새인이 될 수밖에 없다는 것이다. 히틀러의 독재정권 아래서 사적 생활에 숨어버리는 것은 예수께서 세상에 오셔서 이 세상을 위해서 스스로 자기를 희생하셨고 이 세상을 구원하신 것을 망각하는 일이라고 보았다.

본회퍼는 "세상의 그리스도"를 말했다. 그는 하나님이 형이상학적 추상도 아니며 우리의 지식으로 알지 못하는 것을 대답해주시는 분도 아니라고 보았다. 다시 말해서, 하나님은 공간적으로 하늘에 계시지도 않으며 우리의 인식능력 밖에 계신 분이 아니라, "마을의 중심에", 우리의 삶의 한복판에, 그 고통과 환희 속에 계신다고 말했다. 그래서 그는 예수님의 복음은 단지 내세를 위한 것이 아니고, 우리와 함께 계시는 하나님의 도움을 받아서 우리의 삶 가운데서, 우리의 행위를 통해서 이루어져야 한다고 믿었다.

본회퍼는 현대사회를 피한 사람이 아니고 사회 안으로 들어간 사람이다. 그는 당시의 정치적 상황 안으로 들어갔을 뿐 아니라 현대문화 안으로 깊이 들어가서 그리스도교와 현대문화의 관계를 대담하고 솔직하게 언급했다. 탈종교적인 그리스도교나 성인된 인간에 대한 그의 언급은 정통신앙의 입장에서 보면 이단적인 면이 있지만, 우리는 그의 말에 귀 기울일 필요가 있다. 특히 그의 『옥중서신』에서 보면 그는 폭넓게 독서한 사람이다. 그는 신학자들의 저서는 물론, 현대의 물리학, 철학, 사회학 등의 책들을 열심히 읽었고 시를 쓰고 소설을 쓰기도 했다. 또한 그는 음악에도 남다른 관심을 보였다. 그는 삶의 한가운데서, 현대문화의 한가운데서 하나님을 보았다. 그는 정치적 상황이나 현대의 문화까지도 외면하지 않고 그 안으로 들어가서 그리스도교 신앙의 진수를 현대인의 언어로 진술하려고 노력한 신학자였다.

† 구체적인 상황 안에서의 행동

해방신학자들 역시 당시의 정치적 상황이나 문화를 외면하지 않은 사람들이다. 그들은 교회와 사회의 관계에서 사회에 대한 교회의 사명을 강조하고 나섰다. 교회는 내세에서의 구원을 강조하기보다는 우선적으로 현세에서의 인간의 삶을 돌보는 일에 관심을 가져야 한다고 보았다. 남아메리카의 교회지도자들이 권력과 부를 추구하는 부패한 정치권력에 빌붙어서 가난하고 소외된 교인들의 삶을 외면할 때, 해방신학자들은 소외된 자들의 편에 서셨던 예수님의 복음을 실천하려고 그러한 교회에 반대하고 나섰다. 우리가 히틀러를 암살하려던 본회퍼의 과격한 태도에 놀라는 것처럼 해방신학자들의 과격한 사회참여에 놀랐었지만, 예수님의 복음을 실천하려는 것이 그들의 진의였다는 것을 많은 사람이 인정하기에 이르렀다.

해방신학의 영향을 받은 프란치스코 교황이 한국에 왔을 때, 소외된 자들과 함께 하려는 그 교황의 겸손한 행적을 보면서 우리는 박수를 쳤다. 그리고 교황이 돌아간 후에 가톨릭교회의 교인들이 늘었다고 한다. 교황청에서는 한동안 경계하던 해방신학에 대한 태도를 바꾸어서 해방신학의 근원지에서 성장한 사람을 교황으로 선출함으로써 해방신학을 그들의 신학의 본류에 합류시켰다. 프란치스코 교황에게 박수를 보낸 우리도 해방신학자들이 강조하는 소외된 자들을 배려하는 행함을 높이

평가하게 되었다. 물론 그것은 예수님이 선포하신 복음의 진수다.

여성신학자들도, 해방신학자들과 마찬가지로, 소외되어 온 여성의 문제를 다루고 있다. 그들은 남성중심 사회에서 사람 대우를 받지 못하는 여성의 사회문제에서 시작해서 그 소외된 여성의 문제를 신학 안으로 끌어들였다. 그들은 신학적 주제를 인간과 인간의 관계, 다시 말해서 사회적 문제와 연결시킨다. 본회퍼나 해방신학자들과 마찬가지로, 신앙의 주요 문제를 삶의 현장과 관련시킨 것이다. 그들의 신학적 관심은 하나님에 관한 것도 하나님과 인간의 관계에 관한 것도 아니고, 인간과 인간의 관계에 대한 것이다. 달리 말하면, 하나님의 뜻이 인간과 인간 사이에서 어떻게 실현되는가의 문제다. 해방신학자들과 마찬가지로 여성신학자들은 그들의 신학을 소외된 자들 편에 서셨던 예수님의 복음 위에 세웠다.

요즘 생태계의 위기가 인류 전체의 문제로 대두되면서 나온 생태신학은 인간과 인간의 문제를 넘어서 인간과 생태계의 관계에 대해서 말한다. 생태신학자들은 하나님 중심적이던 혹은 하나님과 인간의 관계에 치우쳐 있던 신학에서 벗어나서, 이 지상에 이루어질 하나님의 나라를 강조한다. 그리고 인간 중심적인 신앙을 비판한다. 하나님은 인간만을 구원하시는 분이 아니고 당신이 지으신 온 세계의 생명체를 구원하시는 분이라고 주장한다. 그리고 생태신학자들은, 본회퍼와 마찬가지로, 하나님은 이 세상 안에서 역사하시는 분이라는 사실을 강조한다. 그들은 하나님의 뜻을 이루기 위해서는 인간의 책임 있는 행동이 요구된다고 말한다.

전통신학의 입장에서 보면, 본회퍼를 비롯해서 해방신학자, 여성신학자, 생태신학자에게는 모두 죄나 구원 같은 영적인 문제를 소홀히 하고 삶의 문제에 치중한다는 문제점이 있다. 그러나 그들이 그렇게 삶의 문제를 강조하는 것은 전통적인 신학이나 교회에서 하나님 신앙에 치중하면서 인간의 삶의 문제를 소홀히 했기 때문이다. 그래서 그들은 그들에게 주어진 상황에서 교회에서 외면하고 있는 삶의 현장이 중요하다는 것을 내세웠다. 그들은 그렇게 삶의 중요성을 강조함으로써, 다시 말해서, 뒤틀린 상황에 반응함으로써 신학의 새로운 지평을 열었다.

어떤 사람들은 상황에 치중하는 신학에 대해서 의구심을 표명하면서 그들을 급진신학이라는 말로 폄하하려고 한다. 그런데 이 신학의 성경적인 근거는 세상에 오신 하나님이다. 세상에 오셔서 소외된 자들과 함께 하시며 그들과 함께 고통을 나누신 예수님이다. 이 신학에서는 하나님은 하늘에만 계시는 분이 아니고 이 세상 안에서도 활동하시는 분임을 강조한다. 신학적 용어를 빌리면 하나님은 초월적인 분일 뿐 아니라 내재적인 분이다. 교회에서는 전통적으로 하늘 위에 계시는 하나님을 강조하고 내세적인 소망을 내세웠지만, 그들에게 하나님은 하늘에만 계시는 분이 아니고 당신의 뜻을 땅 위에서 이루려고 세상에 오셔서 우리를 구원하기 위해서 희생하셨고 지금도 우리 가운데서 역사하시는 분이다.

교회에서 전과는 달리 지상에 이루어지는 천국을 강조하는 것도 새로운 신학적 관점과 맥을 같이 한다. 그래서 "뜻이 하늘에서 이루어진 것 같이 땅에서도 이루어지이다"라는 주기도문의 구절이 새롭게 조명된다. 그런데 하나님의 뜻이 땅 위에서 이루어지는 하나님 나라의 건설을 위해서는 하나님의 인도와 인간의 행동이 연합해야 한다. 하나님의 뜻을 이루려는 인간의 노력 없이 그 나라가 이루어질 수 없기 때문이다.

† 마치면서

우리는 본회퍼처럼 그리고 해방신학자, 여성신학자, 생태신학자처럼 우리가 당면한 상황 안에서 하나님의 뜻을 실현하기 위해서 세상 안으로 들어가야 한다. 우리가 세상 안으로 들어가지 않으면 이 땅 위에 하나님의 나라가 세워지지 않기 때문이다. 우리가 세상 안으로 들어가지 않으면 하나님의 선한 뜻은 우리의 현실적 삶과 별로 상관이 없게 된다. 성령이 가르치시고 성령이 역사하신다는 말은 성령이 인간을 움직여서 이해하게 하고 행동하게 하신다는 말에 다름 아니다. 하나님은 인간을 통해서 역사하신다. 하나님의 뜻을 이루는 데에는 인간의 행동이 필요하다.

성령은 우리가 당면하고 있는 구체적인 상황을 어떻게 대면해야 할지를 가르쳐주신다. 그 가르침을 받은 사람이 행동하지 않는다면 그 가르침은 의미가 없다. "뜻이 하늘에서 이루어진 것같이 땅에서도 이루어지이다"라고 기도하는 사람은 "내가 여기 있나이다 나를 보내소서"라고 응답한 이사야처럼, '내가 하나님의 뜻을 이루기 위해서 행동하겠습니다.'라고 말하면서 나서야 한다. 우리는 하나님의 뜻을 땅에서 이루기 위해서 행동해야 한다.

여기서 우리가 주목할 것은 현대신학에 와서 인간의 행동이 점점 더 중시되고 있다는 점이다. 인간 행동의 중시가 어느 한 신학자에 국한된 것이 아니고 전반적인 대세가 되어 있다. 우리는 그런 현상을 축자영감설이 유기적 영감설로 바뀐 데서 볼 수 있고, 인간의 문제를 다루는 문학을 교회에서 받아들인 데서도 볼 수 있다.

앞에서 상황에 대처하는 신학에 대해서 언급했기 때문에 한국교회의 상황에 대한 문제를 생각하지 않을 수 없다. 지금 한국교회의 상황은 어떤가? 한국교회의 문제점은 무엇인가? 그 문제의 근본 원인은 무엇인가? 그 문제를 해결하기 위해서 우리는 무엇을 해야 하는가? 여기서 한 걸음 더 나아가서 한국사회의 상황은 어떤가까지 생각해야 한다. 한국은 우리가 사는 땅이고 하나님의 뜻이 이루어져야 할 곳이기 때문이다. 이런 문제들을 놓고 신학자들이나 목회자들뿐 아니라 교인들도 진지하게 고민해야 한다. 고민할 뿐 아니라 본회퍼처럼 하나님의 뜻을 이루기 위해서 세상 안으로 들어가야 한다. 이것이 바로 세상에 오셔서 세상을 위해 고통당하신 예수님을 본받아 사는 그리스도인의 삶이다.

지금까지 이 장에서는 한국교회가 부패하게 된 것은 행위를 외면하고 믿음만을 강조한 데에 있다는 것을 생각했다. 가톨릭에 맞섰던 루터는 '오직'을 내세우면서 편향적으로 성경을 읽었다. 그의 편향적인 성경 읽기는 예수님이 지향하신 양면수용의 태도에 역행하는 것이었을 뿐 아니라, 글 읽기의 기본에 어긋나는 일이었다. 바울은 믿는 자의 선한 싸움을 강조했는데, 루터는 바울이 믿음만을 중시하고 행위를 외면한 것으로 바울을 오해했다. 그 결과 모든 종교에서 중시하는 도덕적 행위를 개신교에서는 무의미한 것으로 간주하게 되었다. 우리는 여기서 길을 잃기 시작했다. 그런데 한국교회는 아직도 루터의 편향성을 인지하지 못하고 그의 신학에 매달리고 있으니 안타까운 일이 아닐 수 없다. 우리는 행동을 중시하는 본회퍼 이후의 현대 신학자들의 목소리에 귀를 기울일 필요가 있다. 행함을 외면하는 지도자들로 인해서 한국교회가 퇴락하고 있는 지금 "행함이 없는 믿음은 그 자체가 죽은 것"이라는 야고보서의 말씀을 주목해야 한다.

제 2 장

여기서 헤매고 있다

구약과 신약 사이에는 연속성과 불연속성이 있다. 그리스도인들은 창세기에 기록된 전능하신 하나님을 믿는다. 신약에서는 예수님이 다윗의 자손임을 강조하고, 구약에서 예언한 메시아가 예수님임을 증언한다. 그러나 한편 성경 기록자들은 유대교적 신앙을 비판하면서 하나님의 아들 예수를 통한 구속의 은혜를 강조했다. 그들의 주목적은 그리스도교의 정체성을 확립하는 일이었기 때문에, 그들은 유대교와 그리스도교의 단절에 역점을 두었다. 구약의 율법으로는 구원받지 못한다는 사실을, 예수님 외에는 구원받을 길이 없다는 것을 분명히 했다.

그런데 교회에서는 구약과 신약 사이의 불연속성보다는 연속성을 주장한다. 그러한 결과 신약교회에서 구약의 십일조를 강요하고, 예수님이 강조하신 영적인 복을 외면하면서, 구약의 물질적 복을 빌기도 한다. 신약의 하나님이 찬양을 받을 목적으로 은혜를 거저 주셨다고 말하는데, 이 말은 비논리적일 뿐 아니라 아가페적 사랑을 체현하신 하나님에게 어울리지 않는다. 헨델이나 애쉬포드의 '문들아 머리들라'에 나오는 "전쟁에 능하신 주"를 화평의 왕을 믿는 그리스도교의 예배에서 노래하기도 한다. 우리는 이렇게 헤매고 있다.

1. 조상이 같은 세 종교가 원수 된 이유

유대교, 그리스도교, 이슬람교, 이 세 종교에서는 모두 구약을 경전으로 받아들이기 때문에 그들의 조상이 같다. 유대교의 경전은 구약이고, 그리스도교의 경전은 구약과 신약이고, 이슬람교의 경전은 구약과 코란이어서 이 세 종교의 조상은 공통적으로 아브라함이다. 그들은 친족 관계다. 그런데 조상이 같은, 친족 관계에 있는 이 세 종교가 현재 원수가 되어 있다. 롯데의 형제가 다투는 것을 보고 실망하는 사람들이 많았다. 더구나 롯데가의 큰 아들이 우리말을 못하는 것을 보고는 롯데가 일본기업이 아니냐고 말하면서 많은 사람들이 롯데에 대한 불신을 토로했다. 그런데 하나님이 선택한 아브라함의 후손이 세 파로 나뉘어서 치고받는다는 것은 외부인들의 입장에서 보면 정말 실망스러운 일이 아닐 수 없다.

† 유대교와 그리스도교의 갈등

신약의 기록자들은 그리스도교의 본가가 유대교임을 분명히 드러내려고 했다. 특히 복음서의 기록자들은 마태복음의 맨 처음에 그리고 누가복음에서도 예수님이 다윗의 자손임을 나타내기 위해서 다윗의 족보를 자세하게 언급했을 뿐 아니라, 예수님이 구약에서 예언한 메시아임을 강조했다. 그리고 예수님이 복음을 전파할 때 구약을 수시로 인용하셨다는 것을 언급했고, 사도들 역시 구약으로부터 많은 부분을 인용하면서 유대교와 그리스도교의 연계성을 보여주었다. 이러한 연계성의 강조는 유대인 독자를 위한 글에서 더욱 두드러진다.

그렇지만, 유대교로부터 분가하기로 마음먹은 신약의 기록자들은 그들이 유대교로부터 분가하려는 이유를, 다시 말해서, 그리스도교의 정체성을 분명히 해야만 했다. 그래서 마태복음 초두의 산상수훈에서 모세의 가르침과 예수님의 가르침이 어떻게 다른가 언급하기 시작해서 예수님이 유대교의 문제점을 지적한 사실을 거듭 강조하고 있다. 특히 마태목음 11장에서는 "모든 선지자와 율법이 예언한 것은 요한까지"(13)며, 그 후부터는 예수님의 복음의 시대라는 점을 분명히 하고 있다. 그리고 요한복음에서는 1장에 "율법은 모세로 말미암아 주어진 것이요 은혜와 진리는 예수 그리스도로 말미암아 온 것이라"(17)고 유대교와 그리스도교의 근본적인 차이가 무엇인지를 한 마디로 요약하면서 이 복음서를 시작하고 있다. 공관복음에서도 유대교인들과 예수님의 대립이 그려져 있지만, 특히 요한복음에서는 시작부터 끝까지 유대교인들과 예수님이 대립하고 있다.

이러한 대립은 서신서들에서도 그대로 유지된다. 특히 바울은 애당초 모범적인 유대교인이었지만, 예수님의 음성을 들은 후부터는 유대교를 버리고 예수님의 사도가 되기로 마음먹은 사람이다. 그래서 누가는 사도행전에서 유대교에서 분가하는 데에 협조하기 위해서 바울이 걸은 험난한 길을 자세히 언급했고, 바울 자신은 로마서나 갈라디아서에서 율법주의적인 유대교와 예수님의 은혜에 기반을 둔 그리스도교의 차이를 웅변적으로 갈파하고 있다.

한편 유대교 측에서는 분가할 기미를 보이는 예수님을 가만두지 않았다. 유대교인들은 예수님의 복음에 분가하려는 의도가 담겨있다는 것을 간파하고 그를 잡아 죽이려고 여러 번 모의했다. 예수님은 여러 차례 교묘히 그들의 포위망을 벗어났지만, 그 좁은 땅에서 그들의 포위를 완전히 벗어날 수는 없었다. 유대인들은 그들의 힘으로 예수님을 죽일 수 없었기 때문에 로마의 법에 호소했는데, 빌라도는 유대인들과 예수님의 갈등이 분가를 반대하는 유대인들과 분가하려는 예수님 사이에 생긴 집안싸움이라는 것을 알고 있었다. 민란을 두려워해서 예수님의 처형을 허락하기는 했지만, 이 사실을 간파한 빌라도는 예수님의 십자가 위에 유대인의 왕이라는 명패를 달도록 했다.

유대교와 그리스도교가 구약을 경전으로 공유하고 있는데, 왜 이렇게 두 종교가 심각하게 대립했는가 의문을 갖게 된다. 유대교에서 예수님을 메시아로 인정하지 않았기 때문이라고 답하는 수가 많다. 그것은 옳은 말이다. 그러면 왜 그들은 예수님을 메시아로 인정하지 않았는가? 예수님과 예수님의 추종자들은 종교에서 분가가 무엇을 의미하는지 분명히 알고 있었다. 그런데 그들이 큰 위험을 무릅쓰고 분가하려고 한 의도는 무엇이었는가? 그들이 그리스도교의 정체성을 분명히 한 선언서가 신약인데, 왜 우리는 유대인의 구약을 신약과 거의 비슷하게 중시하는가? 그것은 그리스도교의 분가 선언서의 의미를 약화시키는 것 아닌가? 달리 말해서, 그리스도교의 정체성에 흠집을 내는 것 아닌가?

† 세 종교의 갈등

아라비아 땅에서 분가한 이슬람교는 그리스도교가 분가할 때 겪은 유대교와의 첨예한 대립을 겪지 않았다. 그들 역시 그리스도교와 마찬가지로 구약을 그들의 경전으로 받아들이기 때문에, 앞에서 언급한 대로, 유대교나 그리스도교와 조상을 같이 한다. 그런데 조상을 같이 하는 그들이 유대교나 그리스도교와 원수가 되어서 극렬하게 싸웠다. 특별히 예루살렘 성지를 놓고 세 종교는 자기편에서 그 성지를 차지하려고 빼앗고 빼앗기는 전쟁을 벌였다. 예루살렘을 차지하려는 분쟁은 그리스도교와 이슬람 사이의 오랫동안의 십자군 전쟁에서 잘 나타난다. 십자군 전쟁 전후에도 이슬람에서는 터키를 비롯한 유럽과 아프리카의 그리스도교 국가들을 정복해서 가톨릭 성당들을 모스크로 바꾸었고 가톨릭과 이슬람 사이에 전쟁이 반복되었다. 지금도 그 갈등은 계속되고 있다.

그러면 조상이 같은, 다시 말해서, 구약을 경전으로 공유하는 그리스도교와 이슬람을 이렇게 대립하게 만드는 것은 무엇인가? 그것은 한 마디로 그리스도교의 신약과 이슬람의 코란의 차이 때문이다. 구약을 공유하기는 하지만, 예수님의 복음을 기록한 신약과 마호멧의 계시를 기록한 코란의 차이로 인해서 두 종교의 차이가 생기게 되었다. 이 두 경전의 차이는 그들이 공유하는 구약을 뒷전으로 밀어내 버리고 말았다. 다시 말해서, 그들이 구약을 공유한다는 사실, 그들이 같은 조상의 자손이라는 사실은 신약과 코란에 의해서 무의미해졌다. 그 두 종교의 정체성을 드러내는 것은 신약과 코란이기 때문이다.

✝ 마치면서

지금 그 두 종교를 화해시키려는 중재자가 나왔다고 가정할 때, 그가 당신들은 조상이 같지 않느냐고, 조상이 같으니 서로 손잡고 화해해야 하지 않겠느냐고 말하면 두 종교의 지도자들이 선뜻 나서서 당신 말이 옳다고 수긍하면서 화해하려고 할까? 지금 갈등을 겪는 두 종교가 화해하는 데에 구약은 어떠한 역할도 하지 못할 것이 분명하다. 그러면 유대교와 그리스도교를 중재하려는 사람이 같은 말을 하면서 화해시키려고 한다면, 구약에 근거한 그런 말이 설득력이 있을까? 이것 역시 기대할 수 없는 일이다.

단테의 『신곡』에서 보면 단테를 지옥과 연옥으로 안내하는 로마의 시인 베르길리우스는 지옥의 림보에 있다. 그가 단테를 인도할 만큼 훌륭한 인물이지만, 예수님을 알지 못했기 때문에 구원받지 못해서 지옥에 있다는 것이다. 그렇다면 예수님을 알지 못한 구약의 인물들은 구원을 받을 수 있을까? 신약에서는 분명히 예수님을 통하지 않고는 구원받을 길이 없다고 말하고 있다. 따라서 신약에 따르면, 구약을 믿으면서 예수님을 외면하는 유대교인들은 구원받을 수 없을 것 같고, 모슬렘들이 구약을 경전으로 받아들인다 해도, 그들이 예수님을 믿지 않으니까 구원받을 수 없다는 것이 분명해 보인다.

그렇다면 그리스도교와 이슬람에서 구약의 의미는 무엇인가? 특히 그리스도교에서 구약의 의미는 무엇이어야 하겠는가?

2. 주일을 안식일로 착각한 아이

그리스도교에서는 구약에 있는 규례들 가운데서 많은 것을 버렸다. 여호와께서 쉬신 안식일 대신 예수님이 부활하신 주일을 지킨다. 제사장 제도도 버렸다. 그래서 그리스도교에서는 동물을 잡아서 태워 제사하는 일이 없다. 예수님이 우리의 죄를 위해서 희생양이 되셨다고 믿기 때문이다. 음식에 관한 규례도 지키지 않는다. 구약에서 먹지 말라고 한 비늘 없는 물고기나 굽이 갈라진 동물의 고기는 물론 동물의 피까지도 가리지 않고 먹는다. 입으로 들어가는 것이 더러운 것이 아니라고 배웠기 때문이다. 우리는 할례를 행하지도 않는다. 신앙은 육체의 문제가 아니라 영적인 것이라고 믿기 때문이다. 유대인들은 유월절을 지키지만 그리스도교에서는 부활절을 지킨다. 이스라엘 민족이 이방인으로 취급했던 우리에게는 선민의식도 없다. 레위기에 자세하게 나와 있는 여러 가지 삶에 대한 규례들을 거의 지키지 않는다.

† 주일과 안식일

나는 어렸을 때 주일을 안식일인 줄 알았다. 어려서부터 십계명을 줄줄 외웠고 안식일에는 일하지 말라는 계명에 따라서 우리 집에서는 아주 바쁜 농번기에도 주일에는 일을 하지 않고 쉬었다. 그래서 나는 십계명의 안식일을 주일로 바꾸어 부르는 것으로 생각했다. 아무도 그 차이를 이야기해 주지 않았고 성경에도 주일에 대한 언급은 없었기 때문에, 내가 그렇게 생각한 것은 내 잘못은 아니었던 것이 분명하다.

대학을 다닐 때에야 안식교에 대한 이야기를 들었고 그들이 지키는 안식일은 토요일이라는 것을 알게 되었다. 안식일과 주일의 차이를 알게 된 후에도 오랫동안 나는 십계명에 나오는 대로 안식일을 거룩하게 지켜야 한다는 안식일에 관한 계명은 주일에도 그대로 적용되는 것이라고 믿었다. 교회에서는 주일에 일하지 말아야 한다고 가르칠 뿐 아니라, 돈을 지불하는 상거래를 금했고 영화를 보거나 운동을 하거나 쾌락을 추구하는 일을 일체 하지 말고 거룩하게, 근엄하게 지내야 한다고 가르쳤기 때문이다.

그렇게 주일을 안식일처럼 거룩하게 지키려다 보니 특히 직장인들이 큰 어려움을 겪었다. 직장에서 일직을 해야 한다든지, 특근을 해야 하는 경우에는 그러한 근무를 피할 방법을 찾아야 했기 때문이다. 특별히 큰 어려움은 주일에 취직 시험이 있는 경우였다. 철저한 신앙인들은 그 취직 시험을 포기했고 어떤 사람들은 교인들에게는 몸이 아파서 교회에 못나간다고 핑계를 대면서 시험을 보러 갔다. 이렇게 주일을 거룩하게 지키려다 보니 교인들 중에 위선자가 많이 생겼다.

나도 그런 위선자들 중의 한 사람이었다. 내가 주일 오후에 집사람과 백화점에 물건을 사러 간 일이 있었다. 우리는 맞벌이 부부였고 토요일에도 근무하는 때여서 주일 오후야 말로 우리 내외가 같이 백화점에 갈 수 있는 좋은 시간이었다. 그런데 거기서 우리교회의 원로장로 내외를 만났다. 그 장로는 우리를 보더니 "허허, 구경하러 나왔구먼. 우리도 구경하러 나왔어."라고 말했다. 글쎄 그분들이 구경하러 나왔다는 말을 그대로 믿어야 할지 모를 일이었다.

그분들과 헤어진 후 집사람은 걱정이 태산 같았다. 그 장로 내외가 백화점에서 우리를 보았으니 우리 내외가 주일에 백화점에 물건을 사러 왔더라는 말이 교회에 퍼지게 되었다는 것이다. 나도 꺼림칙하기는 했지만, 원로장로 내외 본인들도 백화점에 왔으니 그런 말을 하겠느냐고 집사람을 위로했다. 집사람은 그 장로는 구경하러 나왔다고 말하지 않았느냐고 여전히 걱정을 했지만, 나는 우리도 구경하러 갔었다고 말하면 되지 않느냐고 대꾸해 주었다.

그런데 새로운 목사가 우리 교회에 부임하면서 주일 오후에 목사와 장로들이 함께 식당에 가서 식사를 하고, 주일 오후에 목사와 교인들이 탁구를 하기 시작했다. 그러자 자유롭게 주일 오후에 백화점에 물건을 사러 가기도 하고 영화관에도 갈 수 있는 여유가 생겼다. 식구들끼리 주일 저녁에는 외식을 하며 즐기기도 했다.

그 목사에 따르면, 주일은 주님이 부활하신 기쁜 날이기 때문에, 금욕적으로 절제하면서 지낼 것이 아니라 잔치 분위기를 조성해야 한다는 것이었다. 교회에서는 박수치고 춤추며 찬양하고, 떠들썩하게 운동도 하고, 같이 식사를 하면서 행복한 시간을 보내는 것이 주님이 부활하신 날에 걸맞은 일이라고 했다. 실상 교인들이 모여서 같이 식사를 하는 것은 예수께서 제자들과 함께 하신 만찬의 의미를 살리는 것이라고 말했다. 많은 제약으로 인해서 우리의 삶이 억죄어지는 것은 주일의 의미에 맞지 않는다는 것이었다. 특별히 교회가 안식일을 지키지 않고 주일을 지키는 것은 그리스도교가 유대교와 다르다는 것을 단적으로 보여주는 일인데, 율법을 중시하는 유대교의 안식일에 관한 금기사항을 은혜를 중시하는 그리스도교에서 그대로 답습하는 것은 분별없는 일이라고 말했다.

그런데 아직도 한국교회에는 안식일에 관한 유대교적인 엄격한 계율에 얽매어 사는 교인들이 많다. 어느 대학생이 2014년 12월 10일에 다음과 같은 글을 인터넷에 올렸다. "안녕하세요. 전 독실한 크리스천 집안에서 태어난 모태신앙 22살 남자대학생입니다. 이번에 지식인에 질문을 올리게 된 게 시험이 일요일에 잡혔기 때문입니다. 아버지는 주일날 시험을 절대 보지 말라는 의견이고 교수님과 상담을 했는데 교수님은 일요일 외에 시험을 치게 하는 건 특혜이므로 안 된다는 입장입니다. . . . 목사님이나 전도사님 등 크리스천 분들의 의견이 궁금하네요. 주일에 시험을 보는 것이 하나님의 뜻일까요 아닐까요? 앞으로의 사회생활이 걱정됩니다ㅠㅠ"

여기서 우리가 주목할 것은 이 글을 올린 대학생은 시험을 보라는 말을 듣고 싶어 한다는 점이다. 아버지의 말을 따르기로 했다면 인터넷에 자기의 고민을 해결해 달라는 글을 올리지 않았을 것이다. 그리고 "앞으로의 사회생활이 걱정됩니다ㅠㅠ"라는 말에는 이런 식으로 한다면 어떻게 사회생활을 할 수 있겠느냐는 아버지에 대한 불만이 담겨 있다. 따라서 이 학생은 앞으로 주일에 관한 아버지의 말을 지킬 마음이 없다. 이 아버지의 태도는 아버지의 지도 밑에서 자란 아들의 마음에 들지 않을 뿐 아니라, 실상 예수님의 정신과도 맞지 않는다.

안식일을 엄격하게 지키는 유대사회에서 예수님은 특별하고 긴급한 상황에 대처하도록 예외를 인정해 주셨다. 이 대학생의 아버지는 예수님이 안식일에 병자를 고치시면서, 우물에 빠진 양을 안식일에 건져내는 것을 용인하시고 배가 고파서 밀 이삭을 잘라 먹은 제자들의 행동을 옹호하신 사실을 잊고 있다. 이 아버지는 율법주의적인 유대교적 신앙을 벗어나지 못한 그리스도인이고, 안식일과 주일을 구별하지 못하는 사람이다. 자신은 훌륭한 신앙인이라고 믿고 있지만, 실상 그리스도교 신앙의 진수를 터득하지 못하고 분별없이 헤매는, 착각에 빠진 사람이다. 이러한 신앙인이 나온 것은 이 사람의 잘못이 아니다. 구약의 가르침이 신약 시대에 그대로 적용되지 않는다는 점을 가르치지 않은 교회의 잘못이다.

† 마치면서

초대교회 시대부터 사도들이 안식일 대신 주일을 지킨 것은 신약에서 시작하는 그리스도교와 구약에 의지하는 유대교와의 차이를 분명히 하려고 했기 때문이다. 요한복음에서는 시작부터 끝까지 예수님이 유대인들과 갈등관계에 있었고, 갈라디아서에서 바울은 유대교와 그리스도교의 차이를 부각시켰다. 사도들이 안식일을 지키지 않고 주일을 지킨 것은 요한복음과 갈라디아서에 나타나는 구약시대와 신약시대의 구별과 맥을 같이 한다.

그리스도교에서 구약과 신약을 모두 경전으로 받아들이고 있지만, 교회에서 구약을 분별없이 받아들이면 예수님의 복음과는 다른 엉뚱한 방향으로 나아가는 수가 있다. 그러면 우리가 그리스도교 신앙의 중심을 잃고 헤매게 된다. 한 마디로, 그리스도인들은 예수님의 삶과 가르침을 따르는 사람들이다. 따라서 우리의 신앙의 기반은 예수님의 복음이 기록된 신약이다. 그런데 성경을 가르치는 사람들이 주일을 안식일인 줄 알았던 아이처럼 착각에 빠져서 구약과 신약의 가르침을 구별하지 않고 가르치는 경우가 있다. 그들은 안식일뿐 아니라 물질의 복에 대해서도 분별없이 가르치고 있다.

3. 물질의 복과 영적인 복

복을 받기 원하는 것은 한국인만이 아니라 모든 인간의 소망이다. 그래서 구약에서 보면 아브람을 부르시면서 하나님은 그에게 큰 민족을 이루게 하고 복을 주어서 그의 이름을 창대하게 해주겠다고 약속하셨다. 신약에서도 예수님은 산상수훈에서 여덟 가지 복을 말씀하셨다. 그런데 구약의 복은 한국인이 원하는 오복과 마찬가지로 물질적인 복인 반면, 신약의 복은 영적인 복에 치중하고 있다.

한국의 그리스도인들은 보통 이 두 가지 복을 구분하지 않고 두 가지를 모두 구하는 경향이 있다. 육신을 지닌 우리는 육신의 만족을 위해서 물질적인 오복을 원하기 때문에 구약의 물질적인 복에 치우치기 쉽다. 특히 '구하면 주신다'는 말에서 보통 교인들이 생각하는 것은 가정의 번영, 교회의 부흥 등 물질적인 복이다. 이 물질적인 복을 위해서 새벽부터 열심히 기도한다. 한국 사회의 물질만능주의와 교회의 물질만능주의가 어깨동무를 하고 간다.

그런데 물질적인 복은 구약의 여호와가 약속하신 것이다. 구약의 여호와가 약속하신 물질의 복과 신약의 하나님이 중시하시는 영적 복을 구분하지 못하고 그리스도인이 물질의 복을 구하는 것은 착각이 아닐 수 없다. 그렇게 구할 경우 물질의 복을 마땅치 않게 여기시는 하나님이 그 복을 주실 리가 없다. 그런데 교인들은 물질의 복을 강조하는 목사들의 달콤한 말을 좇아서 열심히 물질을 구한다.

† 창대해지는 복

여호와는 아브람에게 그의 고향을 떠나 당신이 지시하신 땅으로 가라고 명하셨다. 그러면 아브람에게 복을 주어서 그의 자손이 큰 민족을 이루고 그의 이름이 창대해지는 복을 주겠다고 약속하셨다. 여호와는 그에게 많은 자손을 약속하셨을 뿐 아니라 애굽 강에서부터 유브라데까지 넓은 땅을 그의 자손에게 주시겠다고 물질의 복도 약속하셨다. 아브람이 그의 고향을 떠난 때가 그의 나이 75세였는데, 타향에 나갔다가도 고향을 찾을 나이에 고향을 떠나는 것은 결코 쉬운 일이 아니었을 것이다.

그러나 아브람은 복을 주시겠다는 여호와의 약속을 믿고 그분의 부르심에 따라 고향을 떠났고, 여호와는 약속하신 대로 자손의 복과 물질의 복을 그에게 주셨다. 여호와는 아브람의 이름을 아브라함으로 바꾸어 주시고 100세에 그의 가문을 이을 아들 이삭을 주셨다. 그리고 그의 손자 야곱은 삼촌 라반의 집을 나올 때 많은 양떼와 소떼를 거느리고 나오면서 이스라엘이라는 새 이름을 받고, "생육하며 번성하라"(창 35:11)는 여호와의 축복을 받아서 이스라엘 열두 지파의 조상이 되었다. 아브라함은 장수하는 복을 받아서 건강하게 백칠십오 세까지 살았다. 한때 이스라엘 족속이 애굽의 노예로 어려움을 당하기도 했지만, 결국 그의 자손들이 젖과 꿀이 흐르는 가나안에 정착하게 되었으니 아브라함은 여호와의 약속대로 오복을 받은 사람이었다.

어려서부터 여호와의 말씀에 순종한 다윗은 복을 받아서 왕위에 올랐고 많은 이웃 부족과의 전쟁에서 승리함으로써 강대한 나라를 세웠다. 그래서 그는 성군으로 추앙을 받았을 뿐 아니라 엄청난 부를 누렸다. 아버지 다윗을 이어서 왕위에 오른 솔로몬은 예루살렘 성전을 완성하고 일천번제를 드리고 여호와께 순종함으로써, 강성한 나라를 유지하면서 부를 축적하고 지혜의 왕이 되는 복을 누렸다.

십계명에서 여호와는 당신을 사랑하고 계명을 지키는 사람에게는 천대까지 은혜를 베풀겠다고 말씀하셨는데, 여기서 은혜는 물질적인 복을 말한다. 특별히 신명기에서는 십계명을 선포하신 후에, 이 계명들을 지키면 "네가 복을 받고 네 조상들의 하나님 여호와께서 네게 허락하심 같이 젖과 꿀이 흐르는 땅에서 네가 크게 번성하리라"(6:3)고 말씀하셨다. 여호와는 신명기 6장, 7장, 8장, 11장, 28장, 30장 등에서 반복적으로 계명을 지키면 물질적인 복을 주겠다고 언급하셨다. 여기서 우리가 주목할 것은 여호와의 명령을 지키는 사람들, 선을 행하는 사람들이 받을 복이 자손이 번성하는, 땅을 차지하는, 많은 재산을 소유하는 물질적인 복이라는 점이다.

† 영적인 복

그런데 신약에 오면 구약에서 그렇게도 중시되던 물질이 천국에 들어가는 데에 오히려 거침돌이 되는 것을 발견한다. 한 부자 청년이 예수님에게 와서 영생을 얻을 방법이 무엇인지 묻는다. 그는 계명을 잘 지킨 사람이었다. 신명기 사관에 따르면 그는 복을 받을 만한 사람이다. 그런데 예수님은 계명을 지킨 것만으로는 부족하다고, 그의 소유를 팔아서 가난한 자들에게 주고 와서 예수님을 따르라고 그에게 명하신다. 그러고 나서 "부자는 천국에 들어가기가 어려우니라"(마19:22)고 말씀하시면서 낙타가 바늘귀로 들어가는 것이 부자가 하나님의 나라에 들어가는 것보다 쉽다고 덧붙이신다. 이때 예수님이 중시하시는 것은 물질적인 복이 아니라 천국에 들어가는 영적인 복이다.

누가복음 12장에는 한 부자의 비유 이야기가 나온다. 한 부자가 곳간을 크게 짓고 곡식과 물건을 그 안에 가득 채우고 먹고 마시며 즐겁게 살려고 한다. 그런데 예수님은 그날 밤에 그가 죽게 되면 그 재물이 무슨 소용이 있겠느냐고, 재물을 탐하는 그 부자를 어리석은 자라고 말씀하신다. 이어서 재물을 탐하지 말고 소유를 팔아서 구제하라고, 하늘에 보물을 쌓아두라고, 그렇게 해서 "그의 나라를 구하라"(31)고 명하신다.

서신서들에서도 부유한 사람들은 부러워할 대상이 아니다. 그들이 재물을 얻기 위해서 저지른 악행으로 인해서 그들은 정죄를 받게 된다. 야고보서에는 "들으라 부한 자들아 너희에게 임할 고생으로 말미암아 울고 통곡하라"(5:1)고 기록되어 있다. 히브리서에서는 "돈을 사랑하지 말고 있는 바를 족한 줄로 알라"(13:5)고 말하고 있고, 디모데전서에는 "돈을 사랑함이 일만 악의 뿌리가 되나니"(6:10)라고 기록되어 있다. 이렇게 신약에서는 돈이 많은 것이 결코 복이 되지 못한다.

예수님이 이렇게 부자들을 경계하시는 것은 재물을 모으기 위해서 남을 착취하게 되고 재물이 많은 곳이 부패하기 때문이다. 야고보서에서는 부자들의 문제점을 지적하면서 "너희 밭에서 추수한 품꾼에게 주지 아니한 삯"과 "그 추수한 자의 우는 소리"(5:4)를 언급하고 있다. 돈이 악의 뿌리가 된다고 말하는 것은 돈을 벌기 위해서 남을 속이고 악행을 저지를 가능성이 많기 때문이다. 문제는 부자들의 "탐심"(눅 12:15)에 있다. 보물이 있는 곳에 마음이 있기 때문에 "자기를 위해서 재물을 쌓아 두고 하나님께 대하여 부요하지 못한 자"(눅 12:21)의 문제점을 지적하신 것이다.

그리고 신약에서는 복이라는 말과 함께 상이라는 말이 사용된다. 산상수훈의 팔복에서 복이라는 말이 나오기는 하지만 팔복에서 언급되는 복은 주로 영적인 복이다. "심령이 가난한 자는 복이 있나니 천국이 그들의 것임이요"(마 5:3)에서 우리의 주목을 끄는 것은 "심령"과 "천국"이다. 그리고 팔복에 이어서 예수님으로 인해서 박해를 받는 사람은 "하늘에서 너희의 상"(마 5:12)이 크다고 말씀하셨고, 작은 자에게 냉수 한 그릇을 주는 사람은 "결단코 상을 잃지 아니 하리라"(마10:42)고 하셨다. 팔복에서는 복이라는 말로도 영적인 문제를 다루고 있지만, 상이라는 단어는 복이라는 말에 비해서 현실적인 물질보다는 칭찬, 기쁨, 영광 같은 정신적인 의미를 함축한다.

구약에서는 하나님을 경외하고 계명을 지키는 사람이 물질적인 복을 받았지만, 신약에서는 예수님을 하나님의 아들로 믿고 그의 가르침을 따르는 사람이 영생하는 복은 받는다. 예수님이 요한에게 세례를 받으실 때 "이는 내 사랑하는 아들"(마 3:17)이라는 음성이 들리고, 변화산에서도 "이는 나의 아들"(눅 9:36)이라는 음성이 들린다. 특히 요한복음에서 예수님은 자신이 하나님의 아들이라는 사실을 반복적으로 밝히시면서 "나를 믿는 것은. . . 나를 보내신 이를 믿는 것"(요 12:44)이라고 말씀하신다. 그래서 "내가 길이요 진리요 생명"(요 14:6)이라고, 예수님 자신이 영생하는 "물"(요 4:14)이라고, "생명의 떡"(요 6:48)이라고 언급하신다. 신약에서 중요한 것은 물질이 아니고 하나님의 아들 예수를 믿는 것 그리고 진리, 생명,

영생이다.

예수님의 말씀에 따라서 가난한 사람들, 작은 자들을 위해서 헌신하는 사람에게 하나님은 육신의 건강과 재물의 복을 주신다. 마태복음에는 "내 이름을 위하여 집이나 형제나 자매나 부모나 자식이나 전토를 버린 자마다 여러 배를 받고 또 영생을 상속하리라"(19:29)고 기록되어 있다. 이 복은 구약의 복과 비슷해 보일지 모르지만, 구약에서처럼 창대해지기 위해서 노력하거나 재물을 얻기 위해서 싸우는 것이 아니라 모든 것을 버리는 사람에게 주어지는 역설적인 은혜다. 그리고 그가 받을 최종적인 은혜는 영생이다. 예수님을 따르려는 사람은 받으려는 마음 없이 모든 것을 버려야 한다.

† 마치면서

그리스도교에서는 구약과 신약을 모두 경전으로 받아들이고 있다. 오복을 중시하는 우리는 구약에 나타나는 물질의 복을 구하는 기도에 치우치는 경향이 있는데, 그리스도인이 구할 복은 신약에서 강조하는 영적인 삶을 위한 복이어야 한다. 그리스도인의 기도는 나를 위한 것보다는 이웃을 위한 것, 물질을 구하는 기도보다는 하늘에 보물을 쌓는 영적인 삶을 위한 기도여야 한다. 그렇게 기도할 뿐 아니라 그렇게 살기 위해서 노력해야 한다.

그런데 현실적으로 물질적인 복을 강조하지 않으면 교회가 부흥하지 않는다. 우리는 보통 교회에 나가면 복을 받는다고, 구하면 주신다고 말한다. 이때에 말하는 받을 복이나 주시는 것은 주로 한국인들이 오랫동안 추구해 온 오복, 즉 물질적인 복이다. 물질을 구하는 교인들의 입맛에 맞추면 교인수가 쉽게 늘어나는데, 이것은 사람들의 물질적 욕심과의 달리 말해서, 세상과의 타협이다. 여기서 우리는 한국교회에 물질적 번영을 추구하는 기복적 신앙이 만연해 있다는 것을 알 수 있다. 예수님의 복음을 외면하고 기복신앙에 물든 한국교회는 정도를 벗어나서 헤매고 있는 것이 분명하다. 물질적인 복을 구하는 것이 신약의 가르침이 아닌 것과 마찬가지로 십일조 역시 신약의 시대에 적용될 수 없다.

4. 십일조 강조는 시대착오적 발상

요즘 많은 사람이 문제 삼는 십일조에 대한 이야기를 하려고 하니 누가복음 저자의 말이 생각난다. 그는 누가복음 서두에서 그동안 복음의 내력을 기록한 사람이 많았지만 그도 복음서를 쓰는 것은 그의 독자가 알고 있는 것을 "더 확실하게 하려'는 것이라고 말하고 있다. 그동안 우리는 하나님의 것을 도둑질하지 말라는 말라기의 말씀을 지키려고 인색한 마음 없이 십일조를 냈다. 교회를 지을 때는 재산의 십일조를 내기도 했다. 그런데 지금 많은 사람이 그 십일조를 문제 삼고 있다. 그 십일조로 인해서 대형교회에 돈이 쌓이고, 그 돈으로 인해서 교회가 부패하게 되었다고 말한다. 그리고 십일조는 구약시대의 규정이지 신약시대와는 상관이 없다고 말하기도 한다. 나는 여기서 독자들이 아는 것을 더 확실하게 해두고 싶다.

† 구약과 신약의 십일조에 대한 기록

구약에 따르면 12지파 중에서 레위지파만이 땅을 분배받지 않았고 그들은 성막을 돌보는 일을 맡았다. 그들에게는 소득이 없었기 때문에 11지파가 십일조를 내서 그들의 생활비를 조달했다. 이 십시일반의 십일조 정신을 현대교회에 적용한다면 11가정만 십일조를 내면 한 명의 목회자를 부양할 수 있다. 20가정이 십일조를 내면 목회자의 생활비 외에 교회 유지까지 가능하다. 교인 수가 1,000명이 되어서 그 중 100가정이 십일조를 낸다면 돈이 남아돌고 그 남아도는 돈에 눈독을 들이는 사람들이 생겨나게 된다. 이렇게 돈이 많은 곳에 부패균이 득실거린다.

십일조의 관행은 제사장 제도가 사라진 신약시대에 와서 자리를 감추었다. 말라기에서는 십일조를 하나님의 것이라고, 십일조를 내지 않는 것은 하나님의 것을 도둑질하는 것이라고 말하고 있다(3:8-9). 그러나 신약교회에서는 제사장 제도가 없어지면서 레위인들의 역할이 필요 없게 되었기 때문에 자연히 십일조의 개념도 사라졌다. 바울이 자비량 선교를 했다는 데서 초대교회에서 십일조의 개념이 사라졌다는 것이 분명히 드러난다. 바울은 헌금에 대해서 "인색함으로나 억지로 하지 말지니"(고후 9:7)라고 말했을 뿐, 십일조를 드리라고 권면한 일이 없다. 따라서 말라기를 인용하면서 십일조를 강요하는 것은 시대착오적인 발상이다.

예수님 역시 당신을 따르는 사람들에게 십일조를 드리라고 언급하신 일이 없다. 예수님이 마태복음 23장에서 십일조에 대해서 언급하셨다고 말하는 사람이 있을지 모르겠다(눅 11:42는 병행구). 거기서 예수님은 "화 있을진저 외식하는 서기관들과 바리새인들이여 너희가 박하와 회향과 근채의 십일조는 드리되 더 중한 바 정의와 긍휼과 믿음은 버렸도다 그러나 이것도 행하고 저것도 버리지 말아야 할지니라"(23)고 말씀하셨다. 여기서 예수님은 십일조를 드리면서 더 중한 것을 버린 바리새인들을 책망하셨다.

혹 예수님은 바리새인들이 십일조를 드리는 것을 금하지 않았다고 말할지 모르지만, 그들은 구약의 법에 따라서 구약의 율법을 지킨 사람들이지 예수님을 따르는 사람들이 아니었다. 유대인들이 계명에 따라서 십일조를 철저하게 드렸기 때문에, 예수님은 유대인들에게 십일조를 내지 말라고 말하는 것은 아무 효과도 없는 일이라는 것을 잘 알고 계셨다. 그래서 그들에게 십일조를 내지 말라는 말씀을 하시지 않았다. 그리고 예수님의 강조점은 십일조에 있었던 것이 아니고, 유대인들이 버린 "정의와 긍휼과 믿음"이 그들이 금과옥조처럼 생각하는 십일조보다 더 중요하다는 데에 있었다.

그리고 누가복음 18장 12절에도 십일조에 대한 언급이 나오는데, 거기서 바리새인이 "나는 이레에 두 번씩 금식하고 또 소득의 십일조를 드리나이다"라고 기도한다. 여기서 예수님은 자기 행위를 자랑하는 기도에 문제가 있다는 것을 지적하시기 위해서 비유로 말씀하시면서 금식과 십일조를 언급하셨다. 따라서 이 성경 구절을 가지고 예수님이 십일조를 긍정적으로 언급한 것이라고 해석하는 것은 무리다. 예수님은 바리새인이 내는 십일조를 언급하신 것이지 당신을 따르는 사람들에게 십일조를 내야 한다고 말씀하신 것이 아니다. 여기서 우리는 바리새인들이 예수님의 말씀을 따르는 사람들이 아니었다는 것, 그들의 믿음 생활과 그리스도인의 것은 아주 다르다는 것을 잊지 말아야 한다.

그리고 히브리서 7장 1-9절에도 십일조가 언급되어 있다. 그러나 여기서는 아브라함이 살렘 왕 멜기세덱에게 십일조를 바친 것을 말하고 있다. 히브리서 저자는 십일조를 제사장에게 바쳤다고 말하면서 9절에서 레위인들과 관계된 십일조를 언급하고 있지만, 그 언급도 유대의 율법에 연관된 것일 뿐 제사장 제도가 없어진 그리스도교와는 상관이 없다. 히브리서 저자는 그 이하에서 대제사장이 되신 예수님을 언급하면서 "전에 있던 계명은 연약하고 무익하므로 폐하고"(18)라고 말하고 있다. 이 저자는 예수님이 대제사장이 되신 신약시대에 와서는 십일조가 폐기되었다는 사실을 분명히 하고 있다.

† 마치면서

신약시대에 와서 십일조가 폐기될 수밖에 없었던 것은 먼저 상황의 변화였다. 이방인 전도가 활발해지면서 교회 안에서 유대사회의 12지파 개념이 무너졌다. 앞에서 언급한 것처럼, 유대사회에서는 11지파가 십일조를 내서 레위지파의 생활비를 댔는데, 이방인이 주를 이루는 신약시대의 교회에서는 이스라엘 민족의 지파의 개념이 없어졌기 때문에 십일조의 의미가 사라졌다.

개신교회에서는 여전히 십일조를 의무사항으로 강조하지만, 가톨릭에서는 십일조 대신 교무금을 낸다. 교무금이라는 말은 교인들이 교회의 운영을 위해서 의무적으로 내야 하는 돈을 의미한다. 이 교무금은 구약시대의 십일조가 지니고 있던 레위지파를 부양하기 위해서 내야한다는 의무사항을 이어받은 것이다. 그러나 가톨릭에서는 신약의 시대에는 십일조가 폐기되었다는 것을 인정하기 때문에 십일조라는 말을 사용하지 않는다. 대신 그들은 수입의 삼십분의 일을 기준으로 해서 교무금을 약정해서 낸다.

은혜의 시대를 사는 이방인 그리스도인에게 헌금은 하나님이 우리에게 주신 은혜에 대한 감사의 표현이다. 그에게 헌금은 계명이 지니는 강제적인 것도 의무적인 것도 아니다. 하나님이 아들을 세상에 보내셔서 그 아들을 희생양 삼으심으로 우리를 구원해주신 은혜와 날마다 우리를 인도해주시는 은혜를 감사하면서 주님의 몸 된 교회에 내는 것이 헌금이다. 따라서 헌금은 믿음의 표현이고 자발적인 것이다. 바울이 인색함으로 하지 말라고 한 말의 의미가 바로 믿음의 분량에 따라 자원하여 헌금을 바치라는 것이다. 우리교회에서는 어느 장로가 서리집사를 임명할 때 십일조를 드리지 않는 사람은 제외하자고 제안한 일이 있었다. 그리고 어느 보수교단에서는 십일조를 내야만 교인으로 인정할 수 있다는 항목을 헌법에 신설했다고 하는데, 이것은 시대착오적인 발상이다. 구약의 시대와 신약의 시대를 분별하지 못하고 헤매고 있는 사람의 행태이다.

개혁자들은 '오직 성경'을 내세우면서 성경에 기록되지 않은 성모숭배, 연옥, 고백 같은 가톨릭교회의 전통을 폐기했다. 우리도, 개혁자들을 따라서, 신약에 기록되지 않은 십일조의 관행을 폐기해야 한다. 헌금을 강조하기보다는 하나님의 은혜를 감사하면서 자원하는 마음으로 헌금을 내도록 신앙적으로 교인들을 양육하는 일에 힘써야 한다. 진정으로 감사하는 사람은 나의 생명도, 나의 재산도 모두 하나님이 주신 선물임을 자각하기 때문에, 십일조 이상의 것도 주님의 몸 된 교회를 위해서 내게 된다. 중요한 것은 교인들에게 감사하는 마음을 심어주는 신앙교육이다. 은혜의 시대에 헌금에서 감사하는 마음이 중요한 것처럼, 찬양에서도 하나님의 은혜에 감사하는 마음이 중요하다.

5. 찬양받으려고 아들을 희생양 삼으셨을까?

신학자들은 구약과 신약의 연속성과 불연속성을 인정하면서도 연속성을 더 중시한다. 구약에 기록된 천지를 창조하신 전능하신 하나님은 신약교회에서도 믿는 하나님이다. 구약은 신약의 모태고 아브라함을 인도했던 하나님은 지금 우리를 인도하시는 능력의 하나님과 근본적으로 동일한 분이다. 그리고 신약의 기록자들은 구약에서 메시아가 올 것을 예언했고 거기서 예언된 메시아가 다윗의 자손 예수님이라고 말한다. 그래서 다윗의 족보를 장황하게 열거한다. 그리고 복음서들과 서신서들에서는 구약을 인용하면서 신구약의 연속성을 강조한다.

그러나 신구약 사이에는 공통적인 것보다는 다른 것이 더 많은 것으로 보인다. 요한복음의 기록자와 바울은 구약과 신약 사이의 불연속성을 언급하고 있다. 앞에서도 언급했지만, 요한복음에서는 "율법은 모세로 말미암아 주어진 것이요 은혜와 진리는 예수 그리스도로 말미암아 온 것이라"(1:17)고 구약이 율법의 세계며 신약이 은혜의 세계임을 지적하고 있다. 그리고 바울은 구약의 율법으로 구원받을 수 없고 예수님의 은혜를 믿음으로 구원받는다고 강조한다. 그리고 예수님은 시종일관 유대교 지도자들과 대립하셨다. 예수님은 그들을 비판하고 그들은 예수님을 잡아서 고발하려고 벼르고 있었고 결국 고발했다. 모범적인 유대교인이었던 바울은 예수님의 음성을 듣고 그리스도인으로 개종했고 그리스도교를 위해 헌신하다가 유대교인들에게 박해를 받았다. 이러한 역사적 사실은 유대교와 그리스도교의 차이를 단적으로 드러낸다. 따라서 유대교의 경전인 구약과 예수님의 복음이 기록된 신약 사이에는 연속성보다는 불연속성이 더 많다고 보아야 한다.

그리스도교에서는 구약과 신약 사이의 불연속성을 인지하고 구약보다 신약을 더 중시해야 마땅하다. 예수님의 복음이 기록된 신약이 그리스도교의 중심 경전이기 때문이다. 그리스도교 신앙은 하나님이 독생자를 보내시고 그 아들을 희생양 삼으셔서 십자가에 못 박히게 내어주심으로 우리의 죄를 용서하여 주신 구속의 은혜를 믿는 신앙이다. 그런데 구약과 신약을 비슷하게 보거나 때로는 구약을 더 중시한다면 그것은 온당한 일이 아니다. 이것은 그리스도교 신앙의 정체성을 흔드는 오류다. 이제 에베소서 1장 3-14절의 번역을 중심으로 한국 개신교 신학자들에게 구약과 신약의 불연속성에 대한 인식이 부족하다는 점 그리고 그들이 지나치게 구약에 의존한다는 점을 드러내고자 한다.

† 요구에 응하는 찬양과 자발적인 찬양

우리는 흔히 하나님이 영광받기를 기대하신다고 혹은 찬양받기를 원하신다고 생각한다. 그런데 구약의 여호와는 요구하시는 분이고 신약의 하나님은 은혜를 거저 베푸는 분이기 때문에 영광받기를 원하고 찬양을 요구하시는 분은 신약의 하나님이 아니고 구약의 여호와다. 그런데 우리는 구약의 여호와가 요구하셨던 것을 신약의 하나님도 요구하시는 것으로 착각한다.

구약의 여호와는 백성을 당신의 종이라고 불렀다(사 41:8-9;44:21). 종은 무엇이든 상전이 시키는 대로 해야 한다. 상전이 종에게 요구하는 것처럼 여호와는 당신의 백성들에게 요구하는 것이 많았다. 여호와는 반복적으로 당신이 이스라엘에게 은혜를 베푸신 것을, 당신이 그들의 조상 아브라함, 이삭, 야곱에게 복을 주셨다는 사실을 상기시켰다. 또한 여호와는 이스라엘 민족을 애굽의 압제로부터 해방시킨 일과 가나안까지 인도한 것을 상기시키면서 감사하라고 끊임없이 요구하셨다.

여호와는 이스라엘 백성에 대해서 "내가 내 영광을 위하여 창조한 자"(사 43:7)라고 말씀하셨고, "이 백성은 내가 나를 위하여 지었나니 나를 찬송하게 하려 함이니라"(사 43:21)고 말하기도 하셨다. 여호와가 이스라엘을 사랑한 것은 사실이다. 그러나 자기 영광을 위해서, 자기를 위해서, 찬송받기 위해서 그 백성을 지었기 때문에 여호와의 사랑에는 이기적인 요소가 다분하다. 그분의 사랑은 보답을 바라는 사랑이었고 조건부 사랑이었다. 따라서 유대인들의 여호와에 대한 찬양은 여호와의 요구에 응하는 찬양이었다.

그러나 아가페적 사랑을 구현하신 신약의 하나님의 사랑은 무조건적인 사랑이다. 하나님은 자신의 아들 예수님을 세상에 보내서 희생양을 삼음으로써 인간을 구원하셨다. 인간에 대한 하나님의 사랑은, 인간에게 베풀어준 하나님의 은혜는 대가를 바라지 않고 거저 준 사랑이다. 이러한 아가페적 사랑의 원형인 하나님은 찬양받기 위해서, 찬양을 받을 목적으로 인간을 구원하신 분이 아니다. 따라서 그리스도인의 찬양은, 유대인의 찬양과 달리, 하나님의 요구에 응하는 찬양이 아니고 은혜에 감사하는 자발적인 찬양이다.

† 서로 다른 성경 번역

그런데 성경을 번역한 사람들은 신약의 하나님이 찬양을 요구하시는 것으로 혹은 찬양을 받을 목적으로 우리에게 은혜를 베푸신 것으로 번역한 경우가 있다. 이것은 요구하시는 구약의 여호와와 자신을 희생하시는 아가페적 사랑을 체현한 신약의 하나님을 구별하지 못한 결과다. 달리 말하면, 구약의 여호와에 익숙한 나머지 신약의 하나님도 찬양을 요구할 것으로 착각한 결과다. 교회에서 구약과 신약의 불연속성에 대해서 소홀히 하고 연속성만을 편향적으로 강조한 결과 성경을 번역하는 사람들까지도 여호와와 하나님의 속성이 다른 것을 외면하게 되었다. 그들은 구약의 여호와와 신약의 하나님 사이에서 헤매고 있다.

개역개정 성경 에베소서 1장 6절에는 "그의 은혜의 영광을 찬송하게 하려는 것이라"는 구절이 나온다. 12절과 14절에서도 비슷한 내용이 기록되어 있다. 하나님이 예정에 따라 예수님을 보내서 우리에게 은혜를 "거저" 준 것은 그 은혜를 찬송하게 하려는 것이라고 말한다. 여기서 우리가 주목할 부분은 "찬송하게 하려는"이다. 이 말은 찬송하게 하려고 은혜를 거저 주었다는 말이다. 달라고 하지 않은 것을 '거저' 주고 찬송하라고, 보답하라고 요구하는 것은 논리에 맞지 않는다. 이러한 번역은 비논리적일 뿐 아니라, 하나님을 억지를 쓰는 분으로 왜곡하는 일이다.

개역개정 성경이라도, 에베소서에서와 달리, 갈라디아서에서는 우리를 구원해주셨으니 영광을 돌리자고 번역했다. 갈라디아서 1장 4절에서 그리스도께서 우리를 건지시려고 "자기 몸을 주셨으니"라고 언급한

다음, 바로 이어서 5절에서 "영광이 그에게 세세토록 있을 지어다 아멘" 이라고 기록하고 있다. 여기서 우리는 에베소서와 갈라디아서에서 말하는 찬양의 성격이 다르다는 것을 발견한다. 에베소서에서는 하나님이 찬양을 요구하기 때문에 우리가 찬양해야 하고, 갈라디아서에서는 우리가 받은 은혜에 감사해서 자발적으로 하나님을 찬양한다는 것을 말한다.

서로 다른 두 가지를 모두 받아들일 수는 없기 때문에, 두 가지 찬양 중에서 우리는 하나를 선택해야 한다. 그런데 에베소서에서의 찬양은 우리에게 은혜를 거저 주고 우리의 찬양을 요구한다는 것이 논리에 맞지 않기 때문에 문제가 있다. 또한 신약의 하나님은 사랑을 요구하거나 찬양을 요구하시는 분이 아니기 때문에, 찬송하게 하려고 한다는, 찬송을 요구한다는 에베소서의 말을 받아들일 수 없다. 갈라디아서의 자발적인 찬양이 논리적이고 대가 없이 주는 아가페적 사랑을 체현하신, 요구하시지 않는 신약의 하나님에게 어울린다.

그런데 공동번역 성경에서는 개역개정 성경과 다르게 번역하고 있다. 거기서는 에베소서 1장 6절을 "사랑하시는 아드님을 통하여 우리에게 거저 주신 이 영광스런 은총에 대하여 우리는 하느님을 찬양할 수밖에 없습니다."로 번역하고 있다. 12절과 14절도 마찬가지다. 공동번역에서는 하나님이 우리의 찬양을 원하시는 것이 아니고 하나님이 베풀어주신 은혜에 대해서 자발적으로 찬양하게 된다고 말하고 있다. 이것은 개역개정 성경의 갈라디아서 1장의 언급과 상통한다. 진정한 찬송은 이렇게 마음에서 우러나서 자발적으로 하는 것이어야 한다.

영문번역 성경의 고전으로 알려진 King James Version의 에베소서 1장 6절은 공동번역의 내용과 마찬가지로 "하나님이 사랑하시는 자 안에서 우리를 받아주셨으니 그의 영광스런 은총을 찬양합니다"(To the praise of the glory of his grace, wherein he hath made us accepted in the beloved.)로 되어 있다. 12절에서는 "따라서 우리가 그의 영광을 찬양해야 마땅합니다"(That we should be to the praise of his glory.)로 되어 있고 14절도 비슷하다.

그런데 이 King James Version을 우리말로 번역한 사람들은 에베소서 1장 6절을 "자신의 은혜의 영광을 찬양하게 하셨느니라"로, 12절을 "우리가 그분의 영광을 찬양하게 하려 함이라"로, 그리고 14절을 "그분의 영광을 찬양하게 하시느니라"로 번역하였다. 우리말 번역에서는, 자발적인 찬양을 언급한 영어문장과는 달리, 하나님이 우리의 찬양을 요구하시는 것으로 되어 있다. 왜 이렇게 원문과 달리 번역했을까?

Good News Bible에서는 6절이 "그의 영광스런 은총에 대해서 하나님을 찬양합시다."(Let us praise God for his glorious grace.)로 되어 있다. 12절도 14절도 'Let us'로 시작한다. 그런데 표준새번역 한영대조 성경에서는 Good News Bible의 영문을 채택하여 영문에서는 자발적인 찬양을 언급하면서도, 한국어 번역에서는 6절을 "하나님의 영광스러운 은혜를 찬미하게 하셨습니다."로 번역했다. 12절도 "하나님의 영광을 찬미하게 하려는 것이었습니다."며 14절도 같은 논조다. 영문의 자발적인 찬양을 우리말 번역에서는 요구된 찬양으로 바꾸어 놓았으니 이것은 분명히 오역이다. 그런데 우리말 번역자는 왜 이렇게 엉뚱한 번역을 가져다 붙였을까?

어떻든 King James Version의 우리말 번역뿐 아니라 표준새번역 한영대조 성경에서의 우리말 번역이, 원문과는 달리, 하나님이 우리의 찬양을 받기 원한다고 되어 있는 것은 한국교회에 구약의 여호와에 대한 고정관념이 널리 퍼져 있다는 것을 말해준다. 이것은 한국의 그리스도인들이 신약보다는 구약을 더 중시하기 때문이라고 볼 수 있겠다. 예수님을 믿는 그리스도인들이 예수님의 복음이 기록된 신약보다 구약을 더 중시하는 것은 온당한 일이 아니다.

그런데 NLT(New Living Translation) 같은 영어성경에서는 에베소서 1장 6절을 우리가 은혜를 주신 하나님을 찬양합니다(So we praise God for the wonderful kindness he has poured out on us because we belong to his dearly loved one.)로 번역했고 14절도 비슷하게 번역했다(This is just one more reason for us to praise our glorious God.). 그런데 12절만은 하나님의 목적이 찬양을 받으려는 것이라고 번역하였다(God's purpose was that we who were the first to trust in Christ should praise our glorious God.). 이렇게 NLT에서는 일관성 없이 자발적인 찬양과 요구에 응하는 찬양 사이를 오락가락하면서 헤매고 있다. NIV, New Revised Standard Version, The Bible in Basic English, The Living Bible 등에서도 NLT처럼 12절에서만 하나님이 은혜를 베푼 목적은 찬양을 받으려는 것이라고 말하고 있다. 여기서 한국의 번역자들뿐 아니라 일부 영어권의 번역자들도 헤매고 있다는 것을 알 수 있다.

† 마치면서

개신교에서 번역한 우리말 성경이 하나님이 찬송을 받기 원하신다고 되어 있다는 것은 개신교 신학자들에게 구약의 여호와와 신약의 하나님의 차이에 대한 인식이 부족하다는 것을 말해준다. 이것은 개신교에서 지나치게 구약을 중시하고 있기 때문인 것으로 보인다. 보수주의자는 구약을 좋아하고 진보주의자는 신약을 좋아한다는 말이 있는데, 이렇게 구약을 중시하는 것은 개신교가 지나치게 보수적이기 때문일 것이다. 그리스도교 경전을 번역한 사람들이 신약의 하나님을 구약의 여호와와 동일시한다면 이것은 중대한 문제다. 성경을 번역한 신학자들이 그렇다면 일반 목회자들과 평신도들의 경우는 훨씬 더 하다고 보아야 한다.

신약의 하나님은 사랑을 받으려는 신이 아니고 사랑을 베푸는 신이다. 자신의 아들을 내어주는 하나님의 희생적 사랑, 아가페적 사랑에는 요구가 없다. 아가페적 사랑은 대가를 바라는 사랑이 아니다. 하나님은 우리에게 찬송을 받기 위해서 아들을 희생양 삼으신 것이 아니고, 단지 인간을 사랑하셨기 때문에 그렇게 하셨다. 만약 하나님이 아들을 십자가에서 희생시키고 그 대가로 찬양을 받기 원하신다면, 그 희생은 너무 크고 대가는 너무 미미하다. 그 하나님은 아들을 사랑하지 않는 분이고 너무도 이기적이고 잔인한 분이다. 하나님이 인간을 사랑하셨지만, 당신의 아들은 더욱 사랑하셨다고 보아야 하지 않겠는가! 우리가 하나님의 사랑에 감격하고 감사하는 것은 그리고 찬양하는 것은 끔찍이 사랑하는 당신의 외아들을 아무런 대가를 바라지 않고 우리를 위해서 희생양 삼으셨기 때문이다.

지금까지 이 장에서는 구약과 신약의 관계에 대해서 생각했다. 신학자들이 구약과 신약의 연속성과 불연속성을 인정하면서도 지나치게 연속성을 강조하면서 불연속성을 외면하고 있다. 그렇게 연속성을 강조한 결과 주일을 안식일로 생각하는 사람들이 나오고, 예수님이 불신하신 물질적 복을 구하는 번영신학이 나오고, 제사장 제도가 없어진 신약교회에서 레위족속을 위해서 드렸던 십일조를 강요하고 있다. 구약을 지나치게 중시하는 사람들은 신약의 하나님을, 구약의 여호와와 마찬가지로, 구속의 은혜에 대한 대가를 요구하시는 분으로, 찬양을 받기 위해서 아들을 희생양 삼으신 분으로 착각한다. 그리스도교의 정체성은 예수님 외에는 구원받을 길이 없다고 한 신약에 명시되어 있다. 그런데 그리스도인이 구약과 신약에 동일한 비중을 두거나 구약을 신약보다 더 의지하는 것은 착각이다. 한국교회는 이러한 착각 속에서 아직도 헤매고 있다.

제 3 장

아직도 마차를 고집한다

대부분의 한국교회에서 사용하고 있는 개역개정 성경은 100여 년 전에 번역된 한국어 성경의 옛 어투와 문장구조를 대부분 답습하고 있다. 그래서 그 성경의 언어는 고어체일 뿐 아니라 권위적이고, 일부 문장의 구조는 중국어의 구조를 따르고 있다. 그리고 고어체의 성경을 읽고 고어체로 기도하면서 현대어로 설교하는 사람들은 개그 콘서트적 상황을 연출한다. 이러한 개그적 상황은 우리말 성경번역이 잘못 되었기 때문에 일어난다. 현대인의 언어에 맞지 않는, 잘못 번역된 성경을 고집하는 것은 지도자들에게 언어적, 문학적 소양이 없기 때문이다.

모든 신학자들이 청중이 이해하지 못하게 하기 위해서 비유를 사용한다는 예수님의 반어적 언급을 문자적으로 읽고 있다. 이것은 전통적으로 문학을 멀리한 교회가 신학자들을 문학에 무지한 사람들로 만들었기 때문이다. 그리고 자료비평이 대두된 이후 모세가 오경의 저자가 아니라는 주장이 신학계의 정설이 되었고, 그 사실은 문학비평의 이론으로도 밝혀진다. 그런데 자료비평도 문학도 외면하면서 모세가 오경을 기록했다고 고집하는 사람들이 있다. 그런 사람들은 자동차가 달리는 시대에 마차를 타겠다고 버티는 사람들과 별로 다르지 않다.

1. 개그 콘서트의 무대가 된 교회

"할아버지, 교회가 꼭 개콘 같아. 오늘 웃음이 나와서 혼났네." 오늘 입교식을 마친 손자가 집에 와서 하는 말이다. 나는 교회가 개콘 같다니 불경스럽게 그게 무슨 말이냐고 물었다. 목사님이 입교자들에게 '. . . 압니까?' 혹은 '. . . 의지합니까?'라고 서너 번 높임말로 물어서 매번 '예'라고 대답했더니, 갑자기 '. . . 공포하노라.'고 사극에서 임금이 백성들에게 하듯이 낮춤말을 쓰더라는 것이다. 그런 것은 보통 개그 콘서트에서 하는 것이란다.

나는 TV에 나오는 개그 콘서트를 별로 보지 않기 때문에 입교식이나 세례식의 어투에서 개콘을 연상하지 않았지만, 그런 프로그램을 많이 보는 중학생들에게는 입교식의 어투가 개콘을 생각나게 했던 모양이다. 그 말을 듣고 나서 교회 헌법 책에서 예배모범을 찾아보았다. 그 책에는 입교자들에게 질문할 때 '. . . 하느뇨?'라고 묻게 되어 있었다. 그런데 우리교회 목사님이 '하느뇨?'를 '합니까?'로 바꾸어서 질문한 것이다. 아마도 입교자들이 대부분 중학생들인데 그들에게 '하느뇨?'라고 질문하는 것은 그들의 언어습관에 맞지 않는다고 생각했기 때문인 것 같다.

내 손자의 눈으로 보면 교인들은 1주일에 한 번 이상 개그 콘서트에 간다. 개콘에서는 웃게 마련인데, 교인들은 자기들이 듣고 있는 말 가운데서 개그적 요소를 파악하지 못하기 때문에, 개그를 들으면서도 진지한 표정을 유지한다. 웃어야 할 자리에서 웃지 않는 사람들, 이렇게 상황에 어울리지 않는 사람들의 태도 자체가 개콘의 소재가 될 만하다. 따라서 이 개콘에서는 무대에 서 있는 사람의 개그와 관객이 만들어 내는 개그적 상황, 이렇게 두 가지 개그가 벌어진다. 어린 중학생들은 이 두 가지 개그를 보면서 재미있어 할 것 같다.

개콘에 등장하는 사람들은 이상한 복장이나 분장을 하고 얼간이 같은 동작을 하면서 앞뒤가 맞지 않는 말로 사람들을 웃긴다. 그리고 개콘의 관객은 웃을 준비를 하고 웃기 위해서 그곳에 간다. "국회의원 후보자가 유권자들에게 편지를 썼습니다. '존경하는 유권자 여러분, 너희들이 나를 찍어주기 원하노라.'" 어디서 들어본 말투다. 그런데 이렇게 폭소를 자아낼 만한 개그를 들으면서도 청중은 아주 진지한 표정을 짓고 있다고 생각해 보자. 개그를 들으면서 웃기보다는 진지한 표정을 유지하는 사람들, 이러한 사람들은 개콘의 작가들이 찾는 개그의 소재다. 그 사람들이 바로 교인들이다.

† 언어의 변화

우리의 말은 자꾸 변한다. 아침 인사를 예로 들면, 내가 어렸을 때는 아침에 어른을 만나면 '진지 잡수셨어요?'라고 인사했다. 그 인사가 '안녕하세요?'로 바뀌더니 다음에는 '건강하세요?'가 되었다. 그런데 요즘은 '좋은 아침입니다.'라고 인사하는 사람들이 늘었다. 먹을 것이 없어서 굶던 시대를 반영하는 인사로부터 영어가 우리 삶에 깊이 들어온 시대를 반영하는 인사까지 많이 변해 왔다. 그런데 지금 누가 '진지 잡수셨어요?'라고 인사한다면 그 인사를 받는 사람이 '엉뚱한 사람 보았나! 이 사람 내가 밥도 못 먹는 줄 아는가?!'하고 불쾌하게 생각할 것이다.

이렇게 시대마다 그 시대에 맞는 언어가 있다. 여당의 원내대표가 박근혜 대통령을 만난 자리에서 대통령을 각하라고 불렀다고 한다. 다음에 그를 만난 야당의 대표가 각하라는 말은 권위주의 시대에 쓰던 말이니 앞으로는 조심하라고 충고했단다. 권위주의 시대의 말을 평등을 강조하는 민주사회에서 사용하면 많은 사람들이 눈살을 찌푸리게 된다. 반상의 구별이 분명하던 조선시대에 사용하던 '공포하노라' 같은 어투가 만민평등을 강조하는 민주사회에서는 사용될 수 없다.

그런데 지금 권위적인 말을 계속 사용하는 곳이 있다. 그곳이 바로 한국교회다. 일부에서는 현대어로 번역된 성경을 사용하지만, 대부분의 교회에서는 권위적인 어투로 번역된 개역개정 성경을 사용한다. 그 성경에서는 예수님이 권위적인 어투로 말씀하시고, 바울도 교회들에게 보내는 편지에서 편지를 받는 사람들을 '너희'라고 부르면서 그들에게 '은혜와 평강이 있기를 원하노라'고 말한다. 이러한 권위적인 언어는 먼저 우리 시대의 문화와 맞지 않는다. 그뿐 아니라, 낮은 데로 임하시고 겸손의 모범을 보여주신 예수님의 삶과, 믿는 사람들을 형제자매라고 부른 사도들의 정신과도 맞지 않는다. 지금 누가 사람들 앞에서 '너희'라고 혹은 '원하노라'고 말하는가? 그렇게 말했다가는 당장 쫓겨난다. 이러한 시대착오적인 어투는 개콘의 소재로서 안성맞춤이다.

† 두 언어의 혼용

지난 해 형님의 생신을 맞아서 토요일 오후에 형님 댁을 찾았다. 그리고 다음 날에는 형님 내외와 함께 형님이 다니는 교회에 가서 예배를 드렸다. 예배 중에 목사님이 봉헌기도를 할 때 그 어투가 생소하게 들렸다. '이 예물을 받아 주십시오.'라고 기도했기 때문이다. 개역개정 성경의 주기도문은 '일용할 양식을 주시옵고,' 사도신경은 '내가 믿사오며'라고 고어체로 되어 있다. 그래서 우리는 기도할 때 주기도문이나 사도신경의 어투를 따라서 '용서하여주시옵소서'라고 기도한다. 그리고 우리 교회 목사님은 봉헌기도를 할 때 '이 예물을 받아 주시옵소서.'라고 기도한다. 그런데 형님 교회의 목사님은 성경의 표현을 따르지 않고 '이 예물을 받아 주십시오.'라고 기도했다.

지난 달 말에 조카의 목사 위임식이 있었다. 이종 여동생의 아들인데, 서울에서 부목사로 있다가 미국에 가서 목회학 박사를 받고 돌아와서 전주에 있는 교회에서 담임목사로 위임을 받았다. 위임식을 마치고 난 후, 축하하러 온 친척들을 모시고 조카의 아버지인 매제가 잔치자리를 마련한다고 해서 나도 자리를 함께 했다. 대를 이어서 신앙생활을 해 온 조카의 집안에는 조카의 아버지를 포함해서 목사가 여러 분이고 장로나 권사도 여러 분이다.

나는 그 잔치자리에서 내 옆에 앉은 매제에게 형님 교회의 목사가 '주십시오'라고 기도하는 것을 듣고 새롭다는 생각이 들었다고 말했다. 그랬더니 앞에 앉아 있던 그날 위임 받은 조카 내외가 그것은 새로울 것이 없다는 어투로 '서울에서는 많이 그렇게 해요.'라고 거의 동시에 대답했다. 그런데 조카의 위임식 예배에서 축도를 맡은 목사가 축도를 '있을지어다'로 마치는 것을 들었기 때문에, 축도를 마칠 때의 그런 권위적인 어투는 어떻게 생각하느냐고 조카에게 물었다. 그 말을 듣고 매제가 나서서 그것은 성경에 있는 대로 하는 것이라고 대답했다. 부드럽지 않은 매제의 어조로 보아서 그런 사소한 것을 꼬치꼬치 따질 필요가 무엇이냐고 생각하는 것 같았다.

그런데 매제가 언급한 성경대로 한다는 말이 옳은 것처럼 받아들여질 가능성이 있다. 개혁자들은 '오직 성경'이라는 모토를 내세워서 성경에 기록된 내용을 중시했기 때문에, 매제의 말이 개혁자들의 주장을 충실히 따르는 것처럼 들릴 것이다. 예를 들어서, 개혁자들은 가톨릭에서 말하는 연옥은 성경에 없기 때문에 인정하지 않았고, 만인제사장주의는 성경에 있기 때문에 지지했다.

그러나 '있을지어다'는 번역의 문제이기 때문에 매제가 성경대로 한다고 말한 것은 개혁자들의 '오직 성경'이라는 모토와 상관이 없다. 같은 문장이라도 번역에서는 '있을지어다,' '있기를 축원하나이다,' '있기를 축원합니다,' '있기를 기도합니다' 등 여러 가지로 번역될 수 있다. 이 중에서 현대적이고 만인제사장주의에 맞는 마지막 것이 가장 좋은 것처럼 보인다.

지금 여러 교회의 목사들이 축도를 마칠 때, 성경에 있는 것과 달리, 권위적인 어투를 버리고 '있기를 축원합니다,' '있기를 기도합니다' 등 현대적인 어투를 사용하는 것은 바람직한 일이다. 축도를 성경에 있는 것과 다르게 마치는 것을 보면 그들은 권위적인 성경의 표현이 이 시대에 맞지 않는다는 것을 잘 알고 있는 것이 분명하다. 그런데도 대부분의 한국교회에서 고어체의 표현과 권위적인 어투로 번역된 개역개정 성경을 계속 사용한다는 것은 이해하기 어려운 일이다. 아마도 어떤 외부의 힘이 작용하기 때문인 것 같다.

이 외에 성경의 언어와 설교의 언어의 차이를 지적할 수 있다. 많은 교회에서 권위시대의 고어체로 된 개역개정 성경을 읽고 설교는 현대어로 한다. 그런데 이런 교회에서는 대부분 두 가지 언어를 사용하는 목사도, 그 개그를 듣는 교인들도 이 두 언어 사이의 차이를 혹은 이 두 언어가 같은 장소에서 사용될 수 없다는 것을 전혀 감지하지 못한다. 어울리지 않는 이 두 언어의 동일 공간에서의 혼용이 그들에게는 전혀 부자연스럽게 여겨지지 않는다.

외국에서 시집온 며느리가 '아버님 밥 먹어라.'고 말하면 우리가 웃게 된다. 그러나 40이 넘은 한국 태생의 아들이 '아버님 밥 먹어라.'고 말한다면 그 사람이 선천적인 언어 지진아라는 것을 알기 때문에 웃음이 나오지 않는다. 그런데 그 말을 하는 사람도 그 말을 듣는 사람들도 그 말에 문제가 있다는 것을 감지하지 못한다면 어떻게 되는가? 참으로 안타까운 일일 것이다.

따라서 대부분의 한국교회에서 예배시간에 두 가지 말을 사용하고 있다는 것은 작은 문제가 아니다. 이 어투와 저 어투를 뒤섞는 것, 옛날 말과 현대 말을 함께 사용하는 것은 있을 수 없는 일이다. 이것은 비정상적인 일이다. 언어 지진아가 아니라면 결코 그렇게 말하지 않는다. 언어는 생각과 직결되기 때문에 언어사용이 미숙하다면 그 사람의 지적 수준을 의심해 볼 만하다.

† 마치면서

지금 한국교회에서는 목회자들이 교인들을 끌고 가기보다는 교인들이 목회자들을 앞서 가고 있다. 교육수준이 높아진 지금, 교인들은 교회의 언어가 현대인의 언어에 맞기를 원하고 교회의 언어에 일관성이 있기를 바란다. '있을지어다'라는 축도를 듣는 젊은 교인들이 그 말에 닭살이 돋는다고 말하면서도 그냥 참아준다. 그들이 언제까지 참아줄까? 그런데 왜 목회자들의 귀에는 그들의 말이 들리지 않는가? 우리는 관광지에 가서 마차를 타는 경우가 있다. 그런데 그 마차를 타고 출퇴근하겠다고 고집하는 사람이 있다면 사람들이 그를 어떻게 볼까? 100여 년 전의 어투로 번역된 성경을 지금 날마다 읽는 것은 마차를 타고 출퇴근 하는 것과 별로 다르지 않은 일이다. 이것이야 말로 개콘이다.

이제 교회에서 어울리지 않는 두 어투를 혼용하는 개콘이 사라져야 한다. 그러기 위해서는 권위적인 고어체로 번역된 성경을 버리고 현대어로 번역된 성경을 사용해야 한다. 그렇게 되기만 하면 주기도문이나 사도신경 같은 기도문에서 고어체가 사라진다. 그리고 설교는 현대어로 그리고 성경 읽기는 옛날 말로 하는 개콘적 상황이 예배시간에 연출되지 않는다. 하루 빨리 한국교회가 올바로 번역된 성경을 사용해야 한다.

2. 시대착오적인 성경의 어투

'오직 성경'을 내세운 개혁자들은 성경번역에 힘썼다. 가톨릭교회에서는 라틴어가 세계적인 언어라고, 영원한 언어라고 믿고 라틴어 성경을 사용했고 미사도 라틴어로 드렸다. 그리고 각국 방언으로 성경을 번역하는 것을 엄격히 금했다. 라틴어를 모르는 일반 신도들은 성경을 읽지 못했고 성직자들과 라틴어를 공부한 유식한 사람들만 성경을 읽었다. 어려운 한자를 모르는 우매한 백성들을 불쌍히 여겨서 그들이 쉽게 읽고 쓸 수 있는 글자를 만든다고 말한 세종대왕처럼, 개혁자들은 라틴 성경을 읽지 못하는 일반 신도들을 위해서 그들이 쉽게 읽을 수 있는 각국의 방언으로 성경을 번역했다.

15세기 말에 영국에서는 가톨릭교회의 탄압에도 불구하고 구약성경이 위클리프에 의해서 영어로 번역되어 나왔고, 네덜란드 출신의 에라스무스는 1516년에 그리스어 신약성경을 펴냈다. 루터도 1522년에 신약성경을 독일어로 번역했다. 이렇게 성경번역은 본격적인 종교개혁 이전부터 시작되었고 '오직 성경'을 주장한 종교개혁자들에 의해서 꽃을 피우게 되었다. 성경번역자들은 바로 개혁적 정신을 가진 사람들이었다. 지금 생각하면 그리스도인들이 그리스도교 경전을 자기네 모국어로 읽는다는 것은 너무도 당연한 일이다. 성경을 읽지 않고 어떻게 그리스도인들이 예수님이 선포하신 복음을 받아들일 수 있겠는가?

† 번역의 어려움

번역은 대상 언어를 좀 알면 아무나 할 수 있는 쉬운 일이 아니다. 한 언어에는 그 언어를 사용하는 사람들의 독특한 언어습관이 나타나고 문화가 배어 있기 때문에 번역하려는 사람은 먼저 대상 언어와 역어의 어법과 그 두 언어를 사용하는 사람들의 문화를 이해해야 한다. 그리고 무엇보다 글 쓰는 훈련을 받은 사람이어야 한다.

시를 번역할 때는 먼저 언어의 강세와 관련되는 운율이 문제가 된다. 불어는 마지막 음절에 강세가 오고, 영어는 강세의 위치가 각 단어마다 다르다. 그런데 우리나라 말은 단어의 맨 앞의 음절에 강세가 온다. 영시의 운율은 강세와 음절수가 주요 요인인데 반해서 우리시의 운율은 음절수를 중시한다. 이러한 차이로 인해서 영시를 우리말로 번역할 때 그 운율을 맞출 수가 없다. 유럽의 노래에 약박자로 시작하는 곡이 많은 것은 첫 음절에 강세가 오지 않는 단어가 유럽 언어에 많기 때문이다. 약박자로 시작하는 유럽 노래 말을 첫 음절에 강세가 오는 우리말로 그 곡의 박자에 맞추어 번역하는 것은 참 어려운 일이다.

산문에서는 운율의 문제가 별로 중요하지 않지만, 문장 구조나 문화의 차이로 인해서 번역할 때 어려움이 생긴다. 영어에서는 주어 다음에 동사가 오고 보어나 목적어가 마지막에 온다. 그런데 우리말에서는 주어 다음에 보어나 목적어가 오고 마지막에 동사가 온다. 문장의 앞 단어보다 마지막 단어가 듣는 사람의 기억에 더 남는다고 한다. 예를 들면, 유치원 아이들에게 '누가 더 좋아요, 엄마요 아빠요?' 하고 물으면 아빠를 더 좋아한다는 아이가 많고, 엄마가 뒤에 오게 물으면 엄마를 더 좋아한다는 아이가 많다고 한다.

영어의 경우 'It is important to be a saint.'에서 중요한 내용을 지닌 단어 'saint'가 마지막에 와서 그 단어가 문장 강세를 받으면서 강조된다. 그러나 우리말로 바꾸면 '성인이 되는 것이 중요하다.'가 된다. 이 문장을 '중요한 것은 성인이 되는 것이다.'라고 번역해도 성인은 중간에 오고 '중요하다' 혹은 '것이다'가 마지막에 와서 영어에서처럼 '성인'이라는 단어가 강조되기 어렵다. 이렇게 산문에서도 문장구조로 인해서 각 언어마다 그 효과가 다르다.

그리고 문화적 차이로 인해서 대상 언어가 담고 있는 의미나 느낌이 번역어에 전달되기 어려운 경우가 많다. 예수님을 '하나님의 어린 양'이라고 말할 때, 양을 잡아서 속죄제를 드리는 유대인들의 관습에서 나온 이 말의 느낌이 그런 관습이 없는 우리에게 선뜻 다가오지 않는다. 우리말에서도 '등잔 밑이 어둡다.'는 속담을 50여 년 전에 등잔불을 사용하던 사람들은 그들의 경험을 통해서 실감 있게 받아들였지만, 등잔을 사용하지 않고 전등을 사용하는 젊은 세대는 이 말을 이해하기 어렵다. 하물며 여러 천 년 전에 기록된 유대인들의 글을 우리말로 바꾸어 놓았을 때는 문화의 차이로 인해서 그 의미가 제대로 전달되지 못하는 경우가 많다.

많은 사람들이 번역에는 직역과 의역이 있다고 생각한다. 직역은 원문을 그대로 옮기는 것이고 의역은 원문을 벗어나서 뜻이 이해되게 하는 것이라고 말한다. 직역이 좋은 번역이라고 생각하는 사람이 있는가

하면, 의역이 더 좋다고 말하는 사람이 있다. 우리 개역개정 성경을 번역한 사람들은 원어의 글을 그 자구나 어법에 따라 충실하게 번역하는 직역을 선호한 것처럼 보인다. 그런데 우리가 원문의 자구나 어법에 충실하다 보면 어색한 표현이 나오기도 하고 문화의 차이로 인해서 이해하기 어려운 문장이 나오기 쉽다. 1950년대에 등가중심 번역이론이 나오면서 의역이 더 좋다는 쪽으로 기울었다. 그러나 실상 번역에는 의역도 없고 직역도 없다. 원문의 의미를 그것과 가장 가깝게 다른 언어로 옮기는 일이 있을 뿐이다. 번역은 원본의 글을 새로운 언어의 어법이나 문화에 맞게 바꾸어 놓는 일이다.

이제 번역의 예를 들어서 왜 번역자가 두 언어의 언어습관과 문화에 정통해야 하는지 알아보겠다. 영어에서 'Don't you like it?'이라는 질문을 받으면, 그것을 좋아하지 않을 경우 'No, I don't like it.'이라고 대답한다. 그런데 우리나라에서는 '그것을 좋아하지 않아요?'라는 질문을 받았을 때 좋아하지 않으면, '예, 좋아하지 않아요.'라고 대답한다. 영어의 'No'가 우리말에서는 '예'로 바뀐다. 이것은 두 언어를 사용하는 사람들의 언어습관이 만들어 낸 차이다. 영어를 말하는 사람들은 상대의 생각보다는 내 생각을 중시한다. 그런데 한국인들은 상대의 생각을 더 중시한다. 그래서 한국인은 '당신말대로입니다.'라는 의미로 '예'라고 답한다.

한국의 개신교에서 많이 사용하는 개역개정 성경에서 보면, 재산을 가지고 나가서 탕진한 아들이 집에 돌아오는 것을 보고 아버지가 '나가 목을 안고 입을 맞추니'라고 번역되어 있다. 그런데 우리나라에서는 어떤 경우에도 아버지와 아들이 입을 맞추는 일이 없다. 우리나라 사람들은 그렇게 기쁘거나 감격하는 순간 보통 끌어 안고 눈물을 흘린다. 그래서 우리 문화에 어울리게 번역하기 위해서는 '나가 끌어 안고 우니' 혹은

'나가 끌어 안고 기뻐하니'라고 번역하는 것이 좋다.

우리의 어법이나 문화에 맞지 않는 표현은 우리 것에 맞도록 조정해야 한다. 다시 말하면, 원문의 뜻을 잘 전달할 수 있는 우리의 말을 찾아야 한다. 여기서 우리의 말이란 단순히 단어나 문장뿐 아니고 우리의 문화, 즉 관습이나 경험에 맞는 말을 의미한다. 바로 이것이 번역할 때 두 언어에서 등가물을 찾아내야 한다고 주장하는 등가중심 번역이론가들이 의미하는 것이다. 우리말과 문화에 맞지 않는 것을 그대로 옮겨놓는 것은 좋은 번역이 아니다. 다시 말하지만, 외국 글을 우리 글로 바꿀 때 우리말에 가장 가까운 것, 우리 문화에 맞는 것으로 바꾸는 것이 번역이다.

† 개역개정 성경의 번역

그런데 많은 개신교회에서 사용하고 있는 개역개정 성경은 한국어의 어법에 맞지 않는 문장으로, 우리의 문화와 맞지 않는 어투로 번역되었다. 개역 성경을 개정했다고 하는 개역개정 성경은 개역 성경과 별로 다르지 않다. 교인들은 많은 돈을 지불하고 새로운 성경을 구입했는데, 개역개정 성경은 그들이 낸 돈만큼 가치가 있어 보이지 않는다. 그리고 20세기 말에 나온 개역개정에서 100여 년 전에 나온 초기 한글성경의 문장구조나 어투를 무비판적으로 답습하고 있다. 개혁자들의 후예들이 펴낸 이 성경번역판에서는 개혁자들의 사명감, 헌신, 시대를 앞서가는 진취적인 정신을 찾아볼 수 없다. 개역개정 성경을 보면, 오늘날 한국의 개신교 지도자들은 마차를 타고 멀찌감치 뒤처져서 터덜거리고 있는 것처럼 보인다.

많은 사람들이 우리말 성경에는 우리가 일상생활에서 사용하지 않거나 이해하기 힘든 말들이 많다고 지적해 왔다. 그래서 쉬운 성경, 현대인의 성경, 표준새번역 성경, 공동번역 성경 등이 나왔지만, 대부분의 개신교회에서는 현대의 언어로 번역된 성경을 외면하고 1998년에 나온 개역개정판을 사용하고 있다. 개역개정에서는 앞서 나온 개역 성경의 훈도, 의문, 공교 같은 어려운 단어들을 쉬운 말로 바꾸었고 '가라사대'를 '이르시되'로 바꾸었다. 이러한 시도는 아주 바람직하다. 그러나 아직도 한글세대가 이해하기 어려운 편만, 배약, 무교병 같은 어려운 단어들이 많이 남아 있고, 여전히 '하셨도다,' '하나니,' '있느니라' 같은 현대인들이 사용하지 않는 말들이 많이 남아 있다. 이렇게 일부는 바꾸고 일부는 남겨 놓은 데서 개정에 참여한 분들의 불성실한 태도가 엿보인다. 이러한 표현을 성경체라고 말하는 사람이 있지만, 이것은 100여 년 전에 성경을 번역한 사람들이 쓴 말을 답습한 것일 뿐, 결코 성경체가 아니다. 20세기 말에 나온 개역개정 성경은 현대의 한국인들이 사용하는 말에 맞게 개정되었어야 한다.

개역개정에서 사용된 문장구조가 한국인의 말이나 글쓰기와 맞지 않는 것이 많다. 성경번역자들은 주어 다음에 동사가 오는 그리스어나 히브리어를 동사가 문장의 맨 마지막에 오는 한국어로 번역할 때 생기는 문제를 해결하기 위해서 '대답하시되' 혹은 '이르시되'라는 말을 사용하고 있다. '가라사대'나 '이르시되'는 중국어 성경을 참고한 초기 번역자들의 영향이다. 예를 들어서, 요한복음 11장 23절에 "예수께서 이르시되 네 오라비가 다시 살아나리라"고 되어 있는데, 우리말에서는 동사가 마지막에 오기 때문에 우리말 어순에 따르면 "예수께서 네 오라비가 다시 살아나리라고 말씀하셨다."가 되어야 한다.

우리는 개역개정 성경의 문장에 익숙해져 있어서 그 문장의 어순이 이상하다는 것을 느끼지 못하고 지나가는데, 우리말 어순에 맞지 않는 문장은 실상 우리나라 말이 아니다. 참으로 아쉬운 것은 1998년에 나온 개역개정에서 1887년에 나온 백홍준 장로와 로스 목사의 한국어 성경의 용어나 어투를 답습하고 있다는 점이다. 지난 100여 년 동안 우리말은 많이 달라졌다. 한자어 표현이 순수 우리말을 선호하는 방향으로 바뀌었는가 하면, 민주주의 시대를 맞아서 권위적인 어투 대신 대중이나 심지어 아랫사람들에게 말할 때에도 보통 높임말을 쓴다.

그런데 개역개정에서는 이러한 바뀐 어투가 전혀 반영되지 않았다. 복음서에는 예수님이 사람들을 모아놓고 복음을 선포하는 장면이 많은데, 예수님이 하시는 말씀이 낮춤말로 되어 있다. "내가 너희에게 이르노니 너희 의가 서기관과 바리새인보다 더 낫지 못하면 결코 천국에 들어가지 못하리라"(마 5:20) 예수님은 하나님이지만, 인간의 모습으로 대중 앞에 서서 말하기 때문에 설교하거나 연설할 때 높임말을 쓰는 것이 자연스럽다. 바울이 여러 교회에 편지할 때 그는 믿음의 형제들을 가리켜 '너희'라고 부르고 반말을 한다. "그러므로 나나 그들이나 이같이 전파하매 너희도 이같이 믿었느니라"(고전 15:11) 지금 성인들에게 편지하면서 그들을 가리켜 "너희"라고 부르거나 반말을 하는 사람도, '전파하매'라고 말하는 사람도 없다. 이러한 어투는 성경체가 아니다. 단지 지금 우리가 사용하는 언어에 맞지 않는 표현일 뿐이다. 단적으로 말해서, 이러한 번역은 잘못된 것이다.

그리고 성경에는 현대인들이 글을 쓸 때 꼭 지키는 인용부호나 구두점이 없다. 우리가 구두점을 찍고 인용부호를 사용하는 것은 문장의 의미를 정확하게 전달하기 위한 조치며 글을 쓰는 사람들 사이의 규약이다. 이러한 인용부호나 구두점은 단지 한글에만 있는 것이 아니고 지금 외국에서도 모두 택하고 있는 글쓰기의 규약이다. 이러한 규약을 지키지 않는 문장은 틀린 문장이다. 우리가 영어를 배울 때 문장의 마지막에는 반드시 마침표를 찍어야 한다고 배웠다.

앞에서 예를 든 요한복음 11장 23절은 "예수께서 이르시되 네 오라비가 다시 살아나리라"로 되어 있다. 이 문장은 직접화법이기 때문에 "네 오라비가 다시 살아나리라"에 인용부호를 붙여야 하고 마지막에 마침표를 찍어야 한다. 그런데 개역개정 성경에는 인용부호도 마침표도 없다. 영어로는 Jesus said, "Your brother will rise again."이 된다. 개역개정 번역자들이 구두점을 무시한 것은 히브리어나 그리스어 원문에 구두점이 없기 때문에 그 예를 따르려고 한 것처럼 보인다. 그러나 그것은 그 당시 사람들의 관행이었고, 실상 그러한 관행은 환영할 만한 것이 못된다. 다시 말하지만, 번역이란 원문의 의미를 번역된 글을 읽는 사람들의 어법과 문화에 맞도록 바꾸는 일이다.

† 마치면서

"문체는 바로 그 사람이다."(Style is the man.)라는 말이 있다. 개역개정 우리말 성경번역을 통해서 그 성경을 사용하는 한국 개신교의 현 상태를 알아볼 수 있다. 현대인이 사용하는 우리말로 번역된 성경이 여러 가지 나와 있는 것을 보면 개역개정 성경의 어투와 직역식 번역에 대한 비판이 만만치 않다는 것을 알 수 있다. 그런데 왜 개신교 교단들은 그 정당한 비판을 받아들이지 않는지 모르겠다. 목회자들이 옛 번역에 길들여져 있기 때문인가? 현대어 번역이 가볍게 느껴지기 때문인가? 그 번역의 문체를 성경체라고 생각하기 때문인가? 어떤 논리로도 우리의 어순에 맞지 않을 뿐 아니라 현대적인 어법과 문화에 맞지 않는 성경번역을 고수하는 것은 정당화될 수 없다. 이러한 성경을 사용하자고 주장하는 사람들은 착각에 빠져 있는 사람들이다. 자동차가 도로를 달리는 시대에 마차를 타겠다고 고집하는 것과 다르지 않다.

우리는 땅이나 집의 면적을 표시할 때 사용하던 '평'을 '평방미터'로 바꾸었다. 아직 익숙해지지 않아서 어려움이 많지만, 지구촌 시대에 맞게 바꾸면서 그 어려움을 감수하고 있다. 그리고 집주소도 도로명으로 바꾸었다. 비용이 많이 들고 당분간 혼란스럽지만 그 모든 것을 감수하고 바꾸었다. 그런데 한국의 개신교 지도자들은 어려움을 감수하지 않으려고 익숙한 것을 계속 고집하면서 우리가 사용하는 한국어와는 다른 말로 번역된 성경을 고집하고 있다. 한국의 개신교회들이 이런 시대착오적인 성경을 계속 사용하는 데서 한국교회 지도자들의 무지, 안이함, 불성실, 무책임이 드러난다.

개역개정 성경에서 우리는 한국 개신교의 보수성을 발견한다. 그 어법과 어투나 문장 구조가 100여 년 전의 로스 목사가 펴낸 번역본의 것을 답습하고 있고 그 번역판에는 히브리어나 그리스어 원본처럼 구두점이 없다. 현대인의 언어습관이나 글쓰기 규약을 외면한 이 번역은 너무도 시대에 뒤떨어져 있다는 느낌을 금할 수가 없다. 특별히 성경 문장의 어순이 우리말의 어순에 맞지 않는다는 것은 작은 문제가 아니다. 종교개혁자들은 시대의 변화를 읽고 그 시대의 요구에 응한 사람들이다. 그들은 라틴어 성경을 고수하는 보수적인 가톨릭교회에 맞서서 성경번역에 헌신한 개혁적이고 진보적인 자세를 지닌 사람들이었다. 그런데 개역개정을 고집하는 한국 개신교회의 지도자들은 시대의 요구를 외면하면서 시대에 한참 뒤진 번역 성경을 사용하고 있다. 이것은 개콘적 상황을 연출하는 행태다.

그리고 개역개정에서 한국 개신교의 권위주의가 나타난다. 구약과 신약 모두에서 사용된 낮춤말은 그 말을 하거나 그 글을 쓴 사람의 권위를 높이려는 의도에서 나온 것이다. 하나님의 권위를 높이는 일은 신학적으로 그리고 신앙적으로 바람직한 일이지만, 모세 같은 지도자, 이사야 같은 선지자, 바울이나 베드로 같은 사도들의 권위를 높이려는 노력은 현대인의 의식에 맞지 않을 뿐더러 겸손을 강조하신 예수님의 정신을 훼손하는 일이다. 근묵자흑이라는 말이 있듯이, 성경에 나타난 권위적인 어투를 날마다 대하는 교회 지도자들은 자신들도 모르는 사이에 권위주의에 물들게 된다. 그리고 그러한 권위적인 어투에 익숙해진 교인들은 목사들의 권위의식을 당연한 것으로 받아들인다. 중세에 사제들의 권위가 하늘 높은 줄 모르고 올라갈 때 교회가 부패했던 것처럼, 목회자들의 권위주의는 교회의 부패의 원인이 된다. 한국 교회의 부패에 개역개정 성경의 권위적인 어투가 일조한다고 말할 수 있다.

이제 마지막으로 왜 한국교회의 지도자들이 이렇게 우리의 언어습관에 맞지 않는 우리말 번역 성경을 고집하고 있는가에 대한 근본적인 이유를 짚어볼 차례다. 가장 중요한 이유는 그들에게 언어에 대한 감각이 부족하기 때문이다. 번역은 제2의 창작이라는 말이 있을 만큼 번역이란 문학적 감각을 요하는 일이다. 한국교회 지도자들이 이렇게 엉뚱한 번역을 용인하는 것은 그들에게 언어를 다루는 문학적 소양이 부족하기 때문이다. 교회에서 전통적으로 문학을 외면했기 때문에, 한국의 신학자들이나 목회자들이 문학교육을 받을 기회가 없었다.

이 엉뚱한 우리말 번역 성경을 대하면서 우리는 성경을 읽고 해석해야 하는 신학자들에게 문학적 소양이 중요하다는 것을, 신학교에서 문학공부를 시켜야 한다는 것을 실감하게 된다. 문학적 소양은 신학자들이나 목회자들뿐 아니라 성경을 읽고 이해해야 하는 평신도들에게도 꼭 필요하다. 그리스도인들에게 있어서 문학공부는 선택사항이 아니라 필수사항이다. 문학공부가 신학생의 교육에서 필수사항이라는 사실은 신학자들이 문학작품에서 흔히 나오는 반어법을 몰라서 성경을 잘못 해석하는 데서 실감할 수 있다.

3. 반어법을 모르는 신학자들의 착각

사람들이 열두 제자와 함께 예수님이 말씀하신 비유에 대해서 예수님에게 물었다. 그때 예수님은 "하나님 나라의 비밀을 너희에게는 주었으나 외인에게는 모든 것을 비유로 하나니 이는 그들로 보기는 보아도 알지 못하며 듣기는 들어도 깨닫지 못하게 하여 돌이켜 죄 사함을 얻지 못하게 하려 함이라"(막 4:11-12)고 대답하셨다. 예수님의 이 말씀을 신학자들은 여러 가지로 해석하면서 아직 합의에 이르지 못했다.

로버트 스타인은 『예수님의 비유』에서 예수님의 이 언급을 신학자들의 난제로 규정했다. 그는 이 "난제를 풀기 위해서 숱한 해결책이 제시되어지고 있다."고 말했다. 그런데 신학자들이 내놓은 그 어느 "해결책"을 읽어 보아도 설득력이 없다. 홍창표 교수는 『하나님 나라와 비유』에서 마가복음 4장 11-12절에 관한 신학자들의 견해를 비평학자들의 견해와 복음주의 학자들의 것으로 나누어 정리하고 있다. 그런데 그들의 설명을 읽어보면 말은 많지만 실속은 없다. 사이먼 키스트메이커는 『예수님의 비유』에서 이 구절을 이해하는 데에 꼭 필요한 문맥에 관한 말을 하려다가 그 역시 다른 사람들과 마찬가지로 막연한 말로 끝내고 만다.

문제는 어디서도 속 시원한 설명을 찾을 수 없다는 데에 있다. 그 이유가 무엇일까?

† 반어법을 모르는 신학자들

마가복음 4장 11-12절은 반어적인 진술인데, 신학자들이 아무도 반어법에 착안하지 않는다. 그래서 이 구절이 신학자들에게 "난제"로 남는다. 달리 말하면, 스타인이 말한 이 "난제"는 반어법(irony)으로만 풀 수 있다. 반어법은 수사법의 한 종류로 문학작품에 자주 나오는 표현이다. 반어법에 익숙한 문학연구자들은 마가복음 4장 11-12절이 반어적인 진술이라는 것을 쉽게 파악할 수 있다.

신학자들은 여호와와 예수님을 신성시한 나머지 그분들은 진리만을, 당신들의 진심만을 말씀하시는 분들로 믿고 있다. 그래서 그들은 여호와나 예수님이 허점을 보이지도 실수하지도 않는 분들, 빈정거리거나 경멸하거나 뒤틀린 속내를 드러내는 반어적인 말씀을 하시지 않을 분들이라고 믿는다. 그들은 예수님이 사용하신 반어법을 문자적으로 읽기 때문에, 성경에 나와 있는 반어적 진술을 귀가 있어도 듣지 못하고 눈이 있어도 보지 못한다. 그 결과 그들은 이사야서 6장 10절과 마가복음 4장 11-12절에 나오는 여호와와 예수님의 말씀을 엉뚱하게 해석한다.

그러나 여호와와 예수님도 인간처럼 기뻐하거나, 후회하거나, 화를 내거나, 저주하거나, 슬퍼하거나, 울거나, 두려워하기도 하셨다. 그렇다면 그분들도 우리처럼 빈정거릴 수도, 경멸할 수도, 뒤틀린 속내를 드러낼 수도 있지 않을까? 이러한 가능성을 열어놓기만 하면 여호와와 예수님도 당신들의 속내를 드러내기 위해서 반어적으로 진술할 수도 있다는 데에 생각이 미치게 될 것이다. 우리는 그러한 반어적 진술의 예를 이사야서 6장 10절과 마가복음 4장 11-12절에서 발견한다. 이 두 곳에서의 진술이 반어적 표현이라는 데에 착안하기만 하면 그들의 "난제"는 아주 쉽게 풀린다.

† 막 4:11-12에 대한 의문

예수님의 비유를 읽다가 마가복음 4장 11-12절에 오면 누구나 어리둥절해진다. "하나님 나라의 비밀을 너희에게는 주었으나 외인에게는 모든 것을 비유로 하나니 이는 그들로 보기는 보아도 알지 못하며 듣기는 들어도 깨닫지 못하게 하여 돌이켜 죄 사함을 얻지 못하게 하려 함이라"고 기록되어 있기 때문이다. 그리고 병행구절인 누가복음 8장 10절에도 "다른 사람에게는 비유로 하나니 이는 그들로 보아도 보지 못하고 들어도 깨닫지 못하게 하려 함이라"로 되어 있다. 듣는 사람들로 하여금 "깨닫지 못하게 하여 돌이켜 죄 사함을 얻지 못하게 하려" 한다는 말씀은 인간으로 하여금 깨닫게 해서 구원하시려고 세상에 오신 예수님의 사역의 목적과 상치되기 때문에 독자들은 어리둥절해질 수밖에 없다.

요한복음 3장 16절에는 "하나님이 세상을 이처럼 사랑하사 독생자를 주셨으니 이는 그를 믿는 자마다 멸망하지 않고 영생을 얻게 하려 하심이라"고 예수님이 세상에 오신 목적이 명시되어 있다. 또한 예수님이 십자가에 달려 돌아가신 것은 인간의 죄를 사해주시기 위한 것이라는 것이 그리스도교 신학의 핵심이다. 그리고 그 은혜에 감사하자는 것이 바울의 주장이다. 그런데 이렇게 인간의 구원을 위해서 오신 분이 "죄 사함을 얻지 못하게 하려"는 행동을 하시다니, 이게 무슨 말인가?

그리고 마가복음과 누가복음의 말씀은 예수님께서 비유로 말씀하신 것은 사람들이 알아들을 수 있게 하려는 것이라는 성경구절과도 맞지 않는다. 마가복음 4장 33절에는 "예수께서 이러한 많은 비유로 그들이 알아들을 수 있는 대로 말씀을 가르치시되"라고 되어 있다. 영어성경 NIV에 보면 "as much as they could understand"로 되어 있는데, 우리말 성경의 "알아들을 수 있는 대로"에서 "대로"는 "as much as"로서 "많이"를 의미한다. 따라서 청중이 되도록 많이 알아들을 수 있도록 비유를 들어 가르치셨다는 말이다. 마태복음 13장의 "예수께서 이 모든 것을 무리에게 비유로 말씀하시고. . . 이는 선지자를 통하여 말씀하신 바 내가 입을 열어 비유로 말하고 창세부터 감추인 것들을 드러내리라 함을 이루려 하심이라"(34-35)는 말씀도 비유 사용의 긍정적인 면을 드러낸다.

따라서 "깨닫지 못하게 하여 돌이켜 죄 사함을 얻지 못하게 하려"고 비유를 사용하신다는 마가복음의 말씀이나, 같은 취지를 나타내는 누가복음의 기록은 예수님이 복음 선포를 위해서 오셨다는 사실뿐 아니라, 복음을 잘 이해시키려고 비유를 사용하셨다는 예수님 자신의 말씀과도 맞지 않는다. 그런데 예수님은 왜 여기서 성경의 전체적인 문맥과는 맞지 않는, 아니 정반대되는 말씀을 하셨을까?

마가복음 4장과 누가복음 8장의 "깨닫지 못하게 하려"고 비유를 사용하신다는 말씀은 예수님의 비유를 이해하려는 독자들에게 큰 걸림돌이 되고 있다. 그 구절에 대해서 신학자들도 "난제"라고 말하면서 자기들 나름대로 한 마디씩 하고 있으니 일반 독자들은 어느 장단에 춤을 추어야 할지 당혹스럽다. 한국에서는 마가복음 4장 11-12절을 문자적 의미 그대로 받아들여서 '은폐하기 위해서' 비유를 사용하셨다고 해석하는 것이 대세다. 정말 그 해석이 맞을까?

이 걸림돌을 제거하기 위해서 마가복음 기자가 인용한 이사야서 6장 9-10절의 문맥을 살피고 이사야서의 상황과 마가복음의 상황을 비교해 보겠다.

† 사 6:10에 대한 의문

이사야서 6장 8절에서 보면 "내가 누구를 보내며 누가 우리를 위하여 갈꼬" 하시는 여호와의 음성을 이사야가 듣고 자기가 가겠다고 자원한다. 그런데 여호와께서 이사야를 보내시면서 9절과 10절에서 "가서 이 백성에게 이르기를 너희가 듣기는 들어도 깨닫지 못할 것이요 보기는 보아도 알지 못하리라 하여 이 백성의 마음을 둔하게 하며 그들의 귀가 막히고 그들의 눈이 감기게 하라 염려하건대 그들이 눈으로 보고 귀로 듣고 마음으로 깨닫고 다시 돌아와 고침을 받을까 하노라"고 이사야에게 말씀하신다. 여호와께서는 우둔한 혹은 악을 행하는 백성들을 깨우쳐서 당신에게 돌아오도록 하시려고 선지자를 보내시는 것이 상례다. 그런데 여호와께서 이사야 선지자를 보내시면서 백성이 복음을 듣지 못하게 그리고 구원을 받지 못하게 하라고 명하신다. 여기서 우리는 여호와의 명령이 보통 선지자들을 보내는 목적과 정반대인 것을 발견한다. 어찌된 일인가?

여호와께서 죄악에 빠진 백성을 구원하시려는 당신의 뜻을 이사야를 통해서 백성들에게 전하시려는 것이 이사야서 전체에서 드러난다. 6장에서 이사야가 여호와의 부르심을 받기 전, 1장에서 5장까지에서 유다와 예루살렘에 관한 이사야의 계시가 나온다. 그 계시에서 보면 여호와께서는 유다의 죄악상을 지적하시고 여호와의 심판이 임박해 있음을 경고하신다. 그러나 일면 회복에 대한 소망의 메시지를 주기도 하신다. 이 회복의 영광은 죄를 깨닫고 돌아서는 자들에게 주어진다. 다시 말하면, 여호와께서는 그 계시에서 당신이 사랑하시는 백성이 당신의 법도에서 벗어나는 것을 경계하시는 한편, 그들이 심판을 면할 수 있는 길을 제시하신다. 한 마디로 말해서, 그들을 깨우치려고 애쓰신다.

6장에서 자원하여 나서는 이사야는 여호와께서 자신을 보내시는 이유를 1장에서 5장까지의 계시를 통해서 잘 알고 있었다. 그의 사명은 그가 1-5장의 계시를 통해서 본 여호와의 뜻대로 백성들에게 그들의 죄악의 결과에 대해서 경고하고 회복의 기회가 있음을 알려주는 일이다. 다시 말해서, 착각에 빠진 백성을 깨우치는 일이다. 스랍이 제단의 숯을 가지고 와서 이사야의 입에 대며 그의 악을 제거하고 죄를 사하여줄 때, 이 죄 사함이 백성들에게도 이루어질 것을 그는 예견하고 있었다.

그래서 이사야는 나가서 북 왕국 이스라엘과 남 왕국 유다 사이의 전쟁의 부당성을 지적하고, 그들이 장차 심판 받을 것을 경고하는 한편 평강의 나라를 세우실 메시아의 탄생을 예언한다. 이사야는 그 백성에게 평강의 나라를 세워주실 여호와의 은혜를 감사하며 만민이 함께 여호와를 찬양하자고 말한다. 다음에 이사야는 유다를 괴롭히는 바벨론, 앗수르, 불레셋, 모압, 애굽 등의 주변국들이 멸망할 것을 예언하고 하나님의 백성이 장차 들어가서 살 메시아 왕국을 찬양한다. 여호와는 당신의 약속을 지키시는 분이기 때문에 인내하는 자들은 구원을 받는다는 소망을 선포한다. 간단히 말해서, 그는 죄를 범하는 백성들을 깨우쳐서 그들이 여호와에게 돌아오게 하려고 노력한다. 그러한 일을 이사야가 자의적으로 한 것이 아니고 여호와의 말씀을 받아서 수행한다.

그런데 여호와께서는 이사야를 보내시면서 6장 10절에서 "이 백성의 마음을 둔하게 하며 그들의 귀가 막히고 그들의 눈이 감기게 하라 염려하건대 그들이 눈으로 보고 귀로 듣고 마음으로 깨닫고 다시 돌아와 고침을 받을까 하노라"고 말씀하신다. 이 말씀은 1장에서 5장까지의 계시에 나타난 백성들에 대한 여호와의 사랑 그리고 7장 이하에서 타락한 백성들을 깨우쳐서 여호와에게 돌아오게 하려고 이사야가 전한 여호와의 말씀과 맞지 않는다. 맞지 않는 정도가 아니라 정반대다. 앞에서 지적한 대로, 이 6장 10절의 말씀은 우리가 알고 있는 선지자의 일반적인 사명과 맞지 않을 뿐 아니라, 이 구절 앞뒤에서 실제로 일어나는 일과도 맞지 않는다. 다시 말해서 문맥과 반대다. 참 이상하다.

† 반어법에 대한 설명

수사법에 반어법(irony)이 있는데, 반어법은 실재와 표현된 말이 상반될 때 성립한다. 어느 사람이 실재와 반대되는 말을 했을 때 그 반대로 표현된 말을 반어적 진술이라고 한다. 반어적으로 말하는 사람은 실재와 반대되는 말을 통해서 빈정거림, 비난, 경멸, 혹은 뒤틀린 속내를 표현한다. 예를 들면, 비오는 날 누가 "참 좋은 날씨야."라고 말한다면 그 말이 실재와 상반되기 때문에 반어법이 성립된다. 그렇게 말한 사람은 비가 와서 그의 계획에 차질이 생겼거나 불편해졌기 때문에 심사가 뒤틀려서 빈정거리는 투로 말하고 있다. 이 말을 들은 그의 친구는 "이 사람 오늘 몹시 기분이 나쁜 모양이군. 기분을 건드리지 않도록 조심하는 것이 좋겠는 걸." 하고 생각할 것이다.

여기서 우리가 주목할 것은 그 말을 한 사람의 친구는 "참 좋은 날씨야."라는 말을 듣고 날씨가 좋다고는 절대로 생각하지 않는다는 점이다. 비가 오는 날 날씨가 좋다고 말한 것은 실재와 반대되는 말을 한 것이니까. 정신박약자가 아니라면 어느 누구도 그 말을 듣고 그날 날씨가 좋다고는 믿지 않을 것이다.

그런데 반어적 표현이라도 위와는 다른 경우가 있다. "저렇게 착한 사람은 세상에 둘도 없지."라는 말을 들었을 때, 그 사람이 온갖 못된 짓을 다하고 다니는 사람인 것을 잘 아는 사람이 그 말을 들었다면, 그 말이 실재와 반대로 표현된 반어적인 것임을 알기 때문에 그 망나니를 착한 사람이라고는 생각하지 않는다. 그렇게 말한 사람이 그 망나니를 빈정대고 있거나 몹시 경멸한다고 생각할 뿐이다. 그러나 그 사람이 형편없는 망나니라는 것을 모르는 사람이 그 말을 듣는다면, 그 말을 곧이곧대로 믿을 가능성이 크다. 그런데 반어적 진술은 사실과 반대이기 때문에 절대로 그 말을 문자적 의미 그대로 받아들여서는 안 된다. 반어법에서 중요한 것은 반어적으로 말한 사람의 기분이 그 반어적 진술을 통해서 전달된다는 점이다.

문장에서 어떤 말이 문맥과 맞지 않을 때 독자는 그 말이 반어적 표현임을 알게 된다. 그리고 어떤 말이 앞뒤의 내용과 반대로 사용된 반어적 표현이면, 그 말을 곧이곧대로 받아들여서는 안 된다. 반어적으로 말한 "저렇게 착한 사람은 세상에 둘도 없지."를 문자적 의미 그대로 받아들여서 그런 착한 사람과 사업을 같이 하겠다고 나서거나 그 남자와 진지하게 사귀겠다고 나섰다가는 파산을 당하거나 신세를 망치게 된다.

† 사 6:10의 문맥과 반어법

앞에서 언급한 것처럼, 이사야서의 전체 문맥을 고려할 때 6장 10절에 기록된 여호와의 말씀은 분명히 앞뒤 내용과 맞지 않는다. 따라서 이 진술은 반어적인 표현이라고 볼 수 있다. 이사야가 가겠다고 자원했을 때, 그는 1장과 5장까지의 계시를 통해서 선하신 여호와의 뜻을 잘 알고 그 뜻을 전하겠다고 결심하고 있었다. 그래서 여호와께서 "깨닫고 다시 돌아와 고침을 받을까 하노라"고 말씀하셨을 때, 이사야는 그 말씀이 여호와의 진심과는 반대가 되는 반어적인 말씀인 것을 알고 있었기 때문에 그 말씀을 곧이곧대로 받아들이지 않았다.

만약 그때 이사야가 여호와의 말씀이 반어적 진술인지 모르고 그 말씀을 문자적 의미 그대로 받아들였다면, 그 말씀이 자기가 생각하고 있던 자신의 사명과는 반대이기 때문에 "정말 회복의 소망은 전하지 않아야 하나요?"라고 물었을 것이다. 그러나 그는 여호와의 말씀이 반어적 표현이라는 것을 알고 있었기 때문에, 그 말씀을 듣고는 "백성들이 당신의 말씀을 받아들이지 않으니까 여호와의 마음이 몹시 상하셨구나."라고 생각했을 뿐 그 말씀이 여호와의 진심이라고는 생각하지 않았다. 그래서 이사야는 반어적으로 말씀하실 만큼 불편해진 여호와의 심기를 건드리지 않으려고 아무 말 없이 그 자리를 물러나서 여호와의 상한 마음을 풀어드리기 위해서 아주 열심히 여호와의 선한 뜻을 전했다.

그러면 여호와께서 왜 이러한 반어법을 쓰셨을까? 여호와는 아무리 경고하고 달래도 백성들이 당신의 말씀을 받아들이지 않고 옆길로 나가는 것을 안타까워 하셨다. 그 백성이 여호와의 말씀을 들어도 깨닫지 못하고 여호와께서 그들을 선한 길로 인도하시는 것을 보아도 그것을 알지 못하기 때문에 안타까움을 넘어서 화가 났다. 화가 치민 여호와께서는, 반어적으로 말씀하신 6장의 직전에서, 악한 백성들에게 대해서 세 번이나 반복해서 "화 있을 진저"(5:21-23)라고 저주하셨다. 여호와께서는 말 안 듣는 백성에 대해서 그들을 저주하실 만큼 화가 나서 반어적으로 말씀하신 것이다. 이 반어적 표현을 통해서 여호와께서는 당신의 마음이 많이 상해 있다는 것을, 당신의 말을 듣지 않는 백성들이 미워졌다는 당신의 속내를 드러내셨다.

† 막 4:11-12의 문맥과 반어법

예수님의 경우도 비슷하다. 예수님이 마가복음 4장에서 이사야서의 말씀을 인용하시면서 외부인들이 이해하지 못하게 하려고 비유를 사용한다고 말씀하신 것은 당신의 복음을 받아들이지 않고 오히려 공격해오는 무리들에 대해서, 이사야서의 여호와와 마찬가지로, 참담한 심정이었기 때문이다. 깨닫지 못하게 하려고 비유를 사용하신다고 말씀하시기 직전의 3장을 보면 예수님은 사람들의 고집스러운 불신과 강한 반대에 부딪친다. 예수께서는 "그들의 마음이 완악함을 탄식하사 노하심으로"(5)라고 기록되어 있다. 예수님은 그들이 당신의 말씀을 불신하는 데에 화가 났다.

예수님의 말씀을 받아들이기는 고사하고 사람들은 예수님이 미쳤다고 말했고, "서기관들은 그가 바알세불이 지폈다 하며 또 귀신의 왕을 힘입어 귀신을 쫓아낸다"(22)고 말했다. 특별히 사람들이 예수님이 더러운 귀신이 들렸다고 말했을 때, 예수님은 역정이 나서 "누구든지 성령을 모독하는 자는 영원히 사하심을 얻지 못하고 영원한 죄가 되느니라"(3:29)

고 그들이 저주받을 것을 언급하셨다. 여기서 우리는 이사야서에서 사랑하는 백성을 저주하셨던 여호와의 심정과 마가복음에서 당신이 구원해야 할 사람들을 저주하시는 예수님의 심정이 다르지 않다는 것을 발견한다.

이제 우리는 이사야서의 여호와께서 백성들에게 역정이 난 상황과 예수님이 처하신 상황이 아주 유사하다는 것을 알게 되었다. 여호와께서 백성을 선한 길로 인도하시려고 애를 쓰셨지만, 그들은 귀를 막고 여호와의 말씀을 듣지 않으면서 사악한 길로 나갔다. 예수께서도 유대인들에게 알아듣기 쉽게 설명하려고 비유까지 동원하면서 그들에게 복음을 전하셨지만, 그들은 그 복음을 받아들이지 않고 오히려 예수님을 비난하고 공격해 왔다. 이때 예수님은 이사야서에서 반어적으로 말씀하신 여호와의 심정을 이해하고 이사야서를 인용하면서 당신도 여호와처럼 반어적으로 말씀하셨다. 당신의 불편한 심기를 반어적인 표현을 통해서 나타내신 것이다. 다시 말하면, 이사야서의 여호와와 마찬가지로, 예수님이 심적으로 깊은 상처를 받았다는 사실이 이 반어적 진술을 통해서 분명히 드러난다.

우리는 앞뒤의 내용과 반대되는 예수님의 말씀이 반어적 표현이라는 것을 알았으니, 여호와의 반어적 말씀에 별로 마음 쓰지 않았던 이사야처럼, 우리도 예수님의 반어적 표현의 내용을 문자적 의미 그대로 받아들일 필요가 없다. 당신의 말씀을 받아들이지 않는 사람들에 대한 예수님의 심기가 아주 불편했다는 것을 이해하는 것으로 족하다. 반어법에 대한 설명에서 언급한 것처럼, 반어적 진술은 사실과 반대이기 때문에 그 진술의 내용을 그대로 받아들이면 엉뚱하게 판단하게 된다. 다시 말하지만, 그 진술의 내용에 신경을 쓸 필요가 전혀 없다.

† 마 13:13의 진술

마태복음 13장 13절에 나오는 병행구에서는 반어법이 사용되지 않았다. 여기에는 "그러므로 내가 그들에게 비유로 말하는 것은 그들이 보아도 보지 못하며 들어도 듣지 못하며 깨닫지 못함이니라"고 기록되어 있다. 여기서 예수님은 당신이 비유로 말씀하시는 것은 깨닫지 못하는 그들을 깨닫도록 도우려는 것이라고 말씀하신다.

그리고 14절과 15절에서 예수님은 "이사야의 예언이 그들에게 이루어졌으니 일렀으되 너희가 듣기는 들어도 깨닫지 못할 것이요 보기는 보아도 알지 못하리라 이 백성들의 마음이 완악하여져서 그 귀는 듣기에 둔하고 눈은 감았으니 이는 눈으로 보고 귀로 듣고 마음으로 깨달아 돌이켜 내게 고침을 받을까 두려워함이라 하였느니라"고 말씀하셨다. 여기서 예수님이 이사야서를 그대로 인용한 것으로 받아들일 가능성이 있지만, 실상 이 말씀은 이사야서나 마가복음의 말씀과 달리 반어적으로 표현되지 않았다. 그들이 눈을 감은 것은 고침을 받는 것을 두려워하기 때문이라고, 그들이 고정관념을 버리지 않고 귀를 막고 있기 때문에 고침을 받지 못하는 것이라고 말하고 있을 뿐이다.

마태복음 기자는 예수님이 인용하신 이사야서에서 반어적 표현을 제거했다. 신학자들조차 그 반어적 표현을 난제로 삼을 것을 마태복음 기자는 예견했던 것일까? 그 결과 독자들이 마가복음이나 누가복음의 반어법으로 인해서 겪는 혼란이 없어졌다. 그런데 마태복음 기자는 그가 원하는 하나는 얻었지만, 다른 하나는 잃었다. 이 다른 하나, 즉 반어적으로 말씀하실 만큼 예수님의 마음이, 외부인들의 비난으로 인해서, 많이 상하셨다는 사실이 그 문맥에서 중요한데 말이다. 그 반어적 진술로 인해서 외부인들에 대한 예수님의 분노가 크게 나타날수록 그들을 구원하려고 노력하는 그분의 인내와 사랑이 더욱 돋보이는데 말이다.

† 난제를 풀려는 헛된 소동

반어적으로 표현된 마가복음 4장 11-12절의 내용을 문자적으로 읽으면서 진지하게 논의하는 것은 부질없는 일이다. 국내외의 신학자들이 그 반어적 표현을 가지고 왈가왈부하는 것은 그들이 주님의 말씀이 반어적 표현이라는 것을 모르기 때문이다. 예수님의 진심과는 반대로 표현된 말씀을 가지고 "난제"라고 생각하면서 그 "난제를 풀기 위해서 숱한 해결책"을 내놓으려고 하는 것은 헛된 일이다. "헛되고 헛되며 헛되고 헛되니 모든 것이 헛되도다" 예수님의 반어적인 말씀은 "은폐하려는" 것과도 상관이 없다. "깨닫지 못하게 하려"고 비유를 사용하신 것도 아니다. 반어적으로 표현된 말의 내용을 문자적으로 해석해서 액면 그대로 받아들이면, 얼간이가 되거나 실수하게 된다. 신학자들이 문학적 수사법에 대해서 좀 더 알았더라면 이렇게 착각하지 않았을 것이다.

결론적으로, 이사야 6장 10절의 여호와의 말씀은 문맥과 반대되는 반어적인 진술이다. 그리고 예수님이 이사야 6장 10절을 인용하면서 말씀하신 마가복음 4장 11-12절 역시 반어적인 진술이다. 그런데 반어적인 진술은 반어라는 말이 의미하듯이 사실과 반대되는 내용을 담고 있다. 따라서 사실과 다른, 정반대되는 반어적 진술을 가지고 문자적 의미 그대로 받아들이면서 진지하게 논의하는 것은 무의미한 일이다.

예레미아스처럼 여러 사본을 참고해서 본문을 재구성하여 의미를 찾아내려고 해도, 어떤 신학자들처럼 원어의 문법을 따져서 설명을 하려고 해도 시원한 답을 찾아낼 수가 없다. 한 마디로, 백약이 무효다. 잘못된 진단의 결과 나온 처방으로 병을 고칠 수는 없는 일이다. 답은 아주 간단하다. 반어법을 알기만 하면 된다. 예수님은 당신을 비난하고 공격해 오는 사람들 때문에 마음이 아주 상해 있었기 때문에 여기서 반어적으로 말씀하셨다.

유명한 신학자들까지 너나 할 것 없이 이 반어법을 이해하지 못했다는 것을 어떻게 이해해야 할까? 어떻게 해서 신학자들이 한결같이 예수님의 비유에 대한 말씀을 당대의 무식한 군중이나 제자들과 마찬가지로 이해하지 못하게 되었을까? 교회에서 전통적으로 문학을 멀리 했기 때문에 신학자들이 문학적 표현법을 익힐 기회를 얻지 못해서 일어난 일이다. 20세기에 와서 교회가 문학을 받아들였지만, 문학적 글 읽기가 신학자들의 몸에 배어 있지 않았기 때문에, 그리고 하나님의 진실하심에 너무 집착해 있기 때문에 반어적 진술을 알아채지 못했다. 여기서 우리는 성경을 올바로 해석하는 데에 문학적 소양이 아주 중요하다는 사실을 실감하게 된다.

4. 모세가 오경을 기록했는가?

보수적 성향이 강한 한국교회의 교인들 중에는 모세가 오경을 기록했다고 믿는 사람들이 많다. 그런데 19세기 후반에 벨하우젠이 오경은 전승된 여러 자료가 합쳐진 것이라는 자료비평을 내세운 후로 모세가 오경을 쓴 것이 아니라는 견해가 대세를 이루게 되었다. 그럼에도 불구하고 보수교단에서는 창세기가 포로기 후에 기록되었다는 신학자들의 주장을 무시하고 모세 오경 저작설을 계속 주장한다.

그리고 아가페출판사에서 나온 성경에서는 모세가 오경의 저자라고 소개하고 있다. 다른 성경에서는 오경의 기록연대나 저자를 언급하지 않는데 보수교단의 성경에서만 모세 오경 저작설을 홍보하기 때문에, 한국의 교인들 사이에 모세 오경이라는 말과 함께 모세가 오경의 기록자라는 사실이 널리 퍼져 있다. 뿐만 아니라 일선 목회자들이 신학교에서 배운 성경 비평학을 교인들에게 소개하는 일이 별로 없기 때문에, 많은 교인들이 오경을 모세가 썼다는 전통적인 생각 안에 갇혀 있다.

모세 오경 저작설을 주장하는 사람들은 축자영감설이나 성경무오설을 지지하는 보수적 복음주의자들이거나 근본주의자들이다. 그들은 구약 자체에 모세가 오경을 썼다는 기록이 나오고 신약에서도 예수님과 사도들이 그 사실을 증언하기 때문에 모세 오경 저작설이 성경적이라고 말한다. 유대교에서는 기원전 5세기경부터 모세를 하나님으로부터 율법을 받은 율법의 중개자 혹은 오경의 저자로 간주했다. 이러한 생각이 유대교 안에 자리 잡고 있었기 때문에, 신약에 와서는 모세가 오경 전체를 기록했다는 사실을 전제하고 있었다. 모세 오경 저작설은 17세기에 이르기까지 별다른 논란 없이 유지되었다.

† 자료비평이 대두된 배경

17세기에 와서 합리적 사고의 영향으로 인해서 성경을 합리적 혹은 비판적으로 보려는 시도가 교회의 울타리 밖에 있는 사상가들에 의해서 시작되었다. 그들은 축자영감설을 내세우는 교회의 주장과는 달리, 성경 안에 서로 맞지 않는 기록이 여기저기 나온다는 것을 발견했고, 성경의 저자들과 성경 기록의 연대에 관한 전통적인 견해에 대해서 의문을 제기했다. 다시 말해서, 그들은 전통적인 교리나 관례에 상관하지 않고 자유롭게 성경을 연구했다.

인간의 성숙을 강조한 18세기의 계몽주의 시대에 오면, 교리적 해석이나 축자영감설에 기초한 성경해석이 정면으로 도전을 받는다. 역사적 예수에 관한 연구를 시도하는 사람들도 있었고, 성경이 전통이나 교리에 얽매이지 않고 일반 문헌과 마찬가지로 자유롭게 해석되어야 한다면서 인문주의적 자세를 취하는 사람들도 있었다. 종교개혁 이후로 17, 18세기에 일어난 새로운 성경해석을 위한 시도는 대부분 교회 밖에 있는 학자들에 의해 이루어졌고, 신학자들은 그들의 시도를 비판적으로 보았다. 이것은 신학계가 아직 일반 사상가들의 합리적이고 비판적인 사고를 받아들일 준비가 되어 있지 않았기 때문이다.

그러나 그들의 연구 방법과 지적이 설득력이 있었기 때문에, 신학계에서도 계속 그들의 연구를 외면할 수만은 없었다. 18세기의 신학자들은 점차 일반 사상가들의 견해를 수용해서 축자영감설에 문제가 있다는 데에 주목하기 시작했고, 오경에 나오는 여러 사건이나 지명이 실상 모세 사후에 일어났거나 알게 된 것이라는 사실을 인정하게 되었다. 이러한 사실은 모세가 오경을 기록한 것이 아니라는 것을 의미하기 때문에, 신학자들은 모세가 오경을 기록했다는 전통적인 주장에 의문을 품기 시작했다.

창세기 14장 14절과 신명기 34장 1절에는 '단'이라는 지명이 나온다. 창세기에는 아브람이 그의 조카를 구하기 위해서 단까지 쫓아갔다고, 신명기에는 모세가 죽기 직전에 비스가 산꼭대기에서 길르앗 온 땅을 단까지 보았다고 기록되어 있다. 이 지역은 사사시대에 가서야 이스라엘인들이 거주했던 지역이기 때문에, 모세 시대의 이스라엘 사람들은 이 지역을 알지 못했다. 따라서 모세보다 훨씬 후대에 산 사사시대 이후의 사람이 이 구절들을 기록했다고 볼 수밖에 없다. 그리고 창세기 36장 31절에 "이스라엘 자손을 다스리는 왕이 있기 전에 에돔 땅을 다스리던 왕들은 이러하니라"가 나오는데, 이 구절에 의하면 창세기를 기록한 사람이 이스라엘의 왕을 알고 있었다는 말이 된다. 그런데 모세 시대에는 이스라엘에 왕이 없었고 사사시대 후에 사울이 이스라엘의 초대 왕이 되었기 때문에, 그 기록자는 사울 이후에 살았던 사람이다. 그렇다면 모세가 오경을 기록했다고 볼 수는 없다.

신명기 34장 6절에는 "벳브올 맞은편 모압 땅에 있는 골짜기에 장사되었고 오늘까지 그의 묻힌 곳을 아는 자가 없느니라"고 모세가 장사된 장소에 대한 언급이 나온다. 여기서 "오늘까지"라는 단어는 모세가 장사된 후 어느 시대를 가리키기 때문에 모세시대 후에 산 사람이 신명기를 기록했다고 보아야 한다. 위에서 인용한 구절은 신명기의 마지막 장에 나오는데, 신명기가 시작하는 3장 14절에도 "오늘날까지"라는 단어가 나온다. 신명기 시작부분에도 "오늘날까지"라는 단어가 나오는 것으로 보아서 신명기 전체를 모세 이후의 사람이 기록했다는 것을 알 수 있다.

그리고 모세가 죽은 후에 그를 높이 평가하는 신명기 34장 10절에서는 "그 후에는 이스라엘에 모세와 같은 선지자가 일어나지 못하였나니"라고 말하고 있다. "그 후에는"이라는 표현은 이 기록이 모세가 죽은 후에 기록된 것임을 분명히 한다. 그리고 신명기 마지막 장에서 모세가 죽고 장사지내는 기록이 나온다는 것은, 모세가 자신의 죽음과 장례식을 기록할 수 없는 일이기 때문에, 신명기를 모세의 저작이라고 볼 수 없다는 결정적인 증거가 된다.

17세기에 교회 밖의 사람들에 의해 제기된 성경에 대한 비판적 연구는 18세기에 신학자들의 손으로 넘어가기 시작했고, 19세기에 와서는 자료비평으로 정착했다. 자료비평가들은 성경의 각 책이 단일 저자의 기록이라기보다는 이미 존재하던 여러 전승된 자료를 후대의 저자들이나 편집자들이 수집하고 나름대로 배열해서 완성된 것이라고 보았다. 그리고 점차 자료비평이 많은 신학자들의 지지를 받아서 신학계에서 정설로 인정되기에 이르렀다. 그래서 자료비평이 대두된 후에는 축자영감설과 더불어 모세가 오경을 기록했다는 모세 오경 저작설이 설 자리를 잃었다. 그런데 아직도 신학계의 정설을 받아들이지 않는 사람들이 있다.

✝ 모세 오경 저작설에 대한 문학 비평적 비판

20세기에 신학자들이 문학을 받아들인 후로 그들은 문학 연구방법을 성경 읽기에 적용해 왔다. 신학자들은 성경을 문학의 형식을 빌려서 기록된 글로, 일종의 문학작품으로 간주하고 문학 비평가들이 문학작품을 분석하는 데에 활용하는 작품 분석방법을 성경해석을 위해서 활용해 왔다. 그 결과 종래에 문자적으로 성경을 읽을 때에 당면했던 여러 가지 문제가 해결되었다. 오경의 기록에 대한 문제를 해결하는 데에도 문학 비평적 성경 읽기가 도움이 된다. 여기서는 문학 비평가들이 소설을 분석하는 데 사용하는 이야기 분석방법을 오경에 적용시켜 보겠다.

문학 비평가들은 소설을 연구할 때 이야기를 끌고 가는 사람이 누구인가를 주목한다. 그들은 이 이야기꾼을 전문용어로는 화자(話者, narrator)라고 부르면서, '나'라는 1인칭 인물을 내세우는 이야기인가, 그렇지 않으면 등장인물들을 '그'라고 3인칭으로 부르면서 인물들을 조정하는 화자, 즉 이야기꾼이 있는 이야기인가를 구별한다. 그리고 1인칭 인물이 나오는 소설을 1인칭 소설, 3인칭 인물이 나오는 소설을 3인칭 소설이라고 부른다. 1인칭 인물을 내세우는 이야기에서는 그 1인칭 인물이 이야기꾼이 되고 작가는 그 이야기꾼을 통해서 자기의 메시지를 전한다. 인물들을 3인칭으로 부르는 이야기에서는 전체 이야기를 조정해 나가는 이야기꾼이 있는데, 그 이야기꾼은 이야기를 이어주고 논평을 하기도 한다. 작가는 이야기꾼이 내세우는 주인공의 삶과 말을 통해서 자신의 메시지를 전달한다. 그리고 작가는 이 이야기꾼과 동일시될 수 있다. 성경에 나오는 대부분의 이야기꾼은 등장인물들의 과거와 현재 그리고 그들의 내면까지 모든 것을 다 알고 있는, 전통적인 형태의 소위 전지적인 이야기꾼이다.

오경에는 1인칭 인물을 내세워서 기록자가 자신의 경험을 전하는 이야기는 없고, 모두 3인칭으로 부르는 인물들이 등장하고 그 인물들의 삶에 대한 이야기를 이야기꾼이 이끌어 나간다. 여호와, 아브라함, 모세는 이름으로 불리는 경우가 대부분이지만, 그들은 나도 너도 아닌 3인칭 인물들이다. 여호와가 아브람을 부르고, 여호와가 모세를 불러서 명령하고, 모세가 이스라엘 백성에게 여호와의 말씀을 전한다. 우리 눈에는 이야기꾼이 잘 보이지 않지만, 실제로는 이야기꾼이 등장인물들 뒤에서 전체 이야기를 조정하면서 이끌고 나간다. 그는 직접 개입해서 이야기를 이어주기도 하고 논평을 하기도 하는데, 이 이야기꾼이 없으면 이야기가 진행되지 않는다. 성경의 이야기꾼은 모세의 생각과 기분도, 이스라엘 백성의 동기도, 심지어 모세 외에는 아무도 본 일이 없는 여호와의 의중도 모두 알고 있다.

창세기에서 보면 이 이야기꾼이 하나님이 하시는 일을 지켜보면서 일하시는 것을 하나하나 전달한다. 태초에 하나님이 천지를 창조하셨다고 진술하는 사람이 바로 이 이야기꾼이다. 그는 하나님이 창조하신 것을 보고 "보시기에 좋았더라"고 하나님의 기분까지 파악하여 전달한다. 노아가 드리는 번제를 받으시고 여호와가 다시는 생물을 멸하지 않겠다고 심중에 다짐하시는 것까지 파악하고 그 사실을 알려준다. 그래서 이런 이야기꾼을 전지적 시점의 이야기꾼이라고 부른다. 하나님의 심중까지도 아는 이 이야기꾼은 전지전능한 하나님의 경지에 오른 것 같이 보인다. 이렇게 모든 것을 파악하여 전달하는 이야기꾼이 바로 성경의 기록자다.

그런데 모세는 오경 이야기에 나오는 여러 등장인물들 중의 한 명이다. 다시 말하면, 모세는 오경의 이야기꾼이 관찰하고 그들의 의중이나 행동을 전달해주는 여러 등장인물들 중의 하나에 불과하다. 물론 그는 출애굽기에서부터 시작하는 오경의 이야기에서 어느 누구보다 중요한 중심인물인 것이 사실이다. 그는 하나님의 말씀을 받아 기록했고 하나님의 말씀에 따라서 이스라엘을 지도한 중요한 인물이다. 그리고 그는 하나님이 말씀하신 계명, 규례, 전투상황 등을 기록한 책을 가지고 있었다. 그런데 우리가 주목할 것은 그 책에 담겨있는 기록들이 오경의 일부일 뿐이라는 점이다.

오경을 모세가 기록했다고 주장하는 사람들이 그 근거로 내세우는 구약의 구절들을 보면 모세가 기록한 것은 모두 오경 안에 포함되어 있는 단편적인 기록이다. 출애굽기 24장 4절에 나오는 "모세가 여호와의 모든 말씀을 기록하고"에서는 모세가 시내산에 올라가서 여호와의 말씀을 듣고 그가 들은 것을 기록했다는 것을 말한다. 민수기 33장 2절에도 모세가 기록한 것이 나온다. "모세가 여호와의 명령대로 그 노정을 따라 그들이 행진한 것을 기록하였으니 그들이 행진한 대로의 노정은 이러하니라" 그들이 행진한 노정이 5절부터 49절까지 세세하게 기록되어 있다. 그러나 이 기록도 앞에서 인용한 출애굽기의 기록과 마찬가지로 오경의 한 부분에 불과하다.

구약에는 모세가 가지고 있던 책에 대한 언급이 나오지만, 이 책을 오경이라고 볼 수는 없다. 출애굽기 17장 14절 "여호와께서 모세에게 이르시되 이것을 책에 기록하여 기념하게 하고"에서 모세가 기록한 것은 여호수아가 아말렉과의 싸움에서 승리한 전쟁 기록이다. 이때의 책을 모세 오경 저작설을 주장하는 사람들은 오경이라고 생각하고 싶겠지만, 그 책에 있는 율법, 제사의 규례, 전쟁 등에 관한 기록은 오경에 포함되어 있는 단편적인 기록일 뿐이다. 역대하 35장 12절에는 "그 번제물을 옮겨 족속의 서열대로 모든 백성에게 나누어 모세의 책에 기록된 대로 여호와께 드리게 하고"가 나온다. 이때 모세의 책에 기록된 것은 번제물을 드리는 방법에 불과하다. 그 다음 절을 보면 "이에 규례대로 유월절 양을 불에 굽고 그 나머지 성물은 솥과 가마와 냄비에 삶아 모든 백성들에게 속히" 분배했다.

다시 말하지만, 여기서 모세의 책은 오경 자체가 아니고 오경 안에 포함되어 있는 부분적인 기록들을 담고 있을 뿐이다. 오경의 기록자는 모든 것을 보고, 모든 것을 알고, 전체 이야기를 끌고 나가는 이야기꾼이다. 그런데 모세는 오경의 이야기꾼이 아니고 오경에 나오는 등장인물들 중의 한 사람에 불과하다.

모세 오경 저작설을 지지하는 사람들은 신약에서 예수님을 비롯해서 사도들이 모세가 오경을 기록했다는 사실을 지지하고 있다고 말하고 싶을 것이다. 그러나 신약에서는 유대교 안에 형성된 전통적인 모세 오경 저작설을 받아들였기 때문에, 신약에 나오는 언급으로 모세의 저작설을 뒷받침하는 것은 별로 의미가 없다. 유대교 안에서 형성된 모세 오경 저작설을 구약 안에 나타나는 모세의 기록에 관한 구절들이 뒷받침해 주어야 한다. 그런데 그 구절들이 모세가 오경을 기록했다는 주장을 뒷받침하지 못하기 때문에, 잘못된 유대교의 견해를 받아들인 신약의 언급은 증빙자료로서 가치가 없다.

아가페출판사에서 나온 '열린 성경'에서는 모세가 창세기의 저자라고 소개하고 나서 기록 장소에 대해서 "일반적으로 보수주의 신학자들은 모세가 시내 산에 머무는 동안 이 계시를 받았다고 생각한다."고 설명한다. 여기서 우리는 두 가지를 주목할 만하다. 하나는 진보주의 신학자들의 의견은 제외하고 보수주의 신학자들의 의견만을 소개하고 있다는 점이고, 다음으로는 창세기를 모세가 받은 계시라고 말하는 점이다. 성경을 출판해서 보급하는 사람들이 보수적 신앙을 일방적으로 홍보하는 것은 바람직한 태도가 아니지만, 자기들 입장을 홍보하는 것을 크게 탓하기는 어렵다. 그러나 창세기를 모세가 받은 계시라고 말하는 것은 사실과 다르기 때문에 문제가 된다.

아마도 모세가 출생하기 전에 나온 창세기를 모세가 썼다는 것이 부담이 되어서 계시를 받아서 기록한 것이라고 이야기하는 것처럼 보인다. 그런데 계시를 받은 사람은 자신의 계시 경험을 서술하기 때문에 1인칭 '나'가 나서서 이야기하게 마련이다. 그런데 창세기에서는 3인칭 인물들을 내세우고 있다. 요한의 계시를 기록한 요한계시록의 경우 1인칭 이야기꾼이 이야기를 이끌어간다. 1장 2절에서 계시를 받은 사람이 요한이라는 사실을 밝히고, 9절에서 "나 요한"이라고 1인칭 이야기꾼이 전면에 나선다. 소아시아 일곱 교회에 관한 계시 후에 하늘 계시로 들어갈 때도 4장 1절에서 "이 일 후에 내가 보니"로 1인칭 이야기꾼이 나온다.

계시문학에서 계시를 전달하는 사람이 1인칭으로 자기 이야기를 하는 것은 다니엘서에서도 마찬가지다. 다니엘이 느브갓네살 왕을 비롯한 세 왕의 치하에서 겪은 일을 서술하는 6장까지에서는 주인공 다니엘이 3인칭 인물로 그려져 있고 이야기꾼이 이야기를 이끌어간다. 그러나 7장 2절에서부터 다니엘이 환상을 보는 데서는 "내가 밤에 환상을 보았는데"로 시작해서 마지막까지 다니엘이 1인칭으로 나오고 그가 이야기를 이끌어간다. 이사야서 1-6장에도 이사야의 계시가 나온다. 이사야 1장 1절에 "아모스의 아들 이사야가 유대와 예루살렘에 관하여 본 계시라"고 이사야의 계시임을 밝히고 나서 1-5장까지 이사야가 본 계시의 내용이 언급되어 있다. 그리고 6장에 가면 "웃시야 왕이 죽던 해에 내가 보니"로 이사야가 1인칭 이야기꾼으로 나와서 자신의 계시를 이야기한다.

그런데 창세기에서는 계시를 나타내는 1인칭 이야기꾼에 대한 언급이 없고, 전지적인 이야기꾼이 이야기를 이끌어가고 모세에 대해서는 한 마디의 언급도 없다. 앞에서 말한 계시경험이 아닌 글이라 하더라도 선지자들이 하나님의 말씀을 들었을 때 그들이 들은 말씀을 계시라고 할 수 있다. 그러나 창세기는 모세가 출생하기 이전의 기록일 뿐 아니라 거기에는 모세가 하나님의 말씀을 들었다는 언급이 없다.

아가페 성경에서는 출애굽기 역시 모세가 시내산에서 받은 계시라고 말하는데, 여기서도 창세기와 마찬가지로 모세 자신의 계시경험을 보여주는 1인칭 이야기꾼이 등장하지 않는다. 출애굽기에서는 모세가 하나님의 말씀을 듣기는 하지만, 그 내용은 출애굽기의 일부분에 불과하고 이스라엘 민족이 애굽을 탈출하여 광야생활을 하는 동안에 일어난 사건의 기록이 대부분이다. 따라서 출애굽기 전체를 모세가 받은 계시라고 말할 수는 없다.

오경의 저자가 모세라는 글을 실린 아가페출판사의 책에 '열린 성경'이라는 이름을 붙인 것은 독자를 오도하는 일이다. 모세가 오경의 저자라고 주장하는 보수주의자들은 새로운 신학연구를 받아들이지 않는, 마음이 닫힌 사람들인데, 오경을 소개하면서 그들의 주장을 적어 넣은 성경이 어떻게 열린 성경일 수 있겠는가? 또한 진보주의 신학자들의 의견을 제외하고 보수주의자들의 의견만을 소개한 것은 보기 좋은 일이 아니고, 창세기와 출애굽기를 계시라고 말하는 데서는 분명히 오류를 범하고 말았다. 이렇게 무리하다 보니 "여호와께서 회막에서 모세를 부르시고 그에게 말씀하여 이르시되"로 시작하는 레위기까지도 모세가 시내 산에 머무는 동안 이 계시를 받았다고 말하고 말았다.

† 마치면서

자료비평에 의해서 모세가 오경의 저자가 아니라는 사실은 이미 밝혀졌다. 내가 여기서 복잡한 자료비평에 의지하지 않고 문학비평을 통해서 모세의 저작설이 오류인 것을 드러낸 것은 성경을 올바로 이해하는 데에 문학적 소양이 아주 긴요하다는 사실을 보여주려는 의도에서였다. 다음 장에서 문학적 성경 읽기에 대해서 자세히 다루겠지만, 이것은 오랫동안 문학을 멀리하던 신학자들이 왜 문학을 받아들이게 되었는가, 문학적으로 성경을 읽는 일이 성경을 올바로 이해하는 데에 얼마나 유용한가를 보여주는 한 가지 예다. 그리고 이 예를 통해서 신학자들의 연구의 결과를 받아들이지 않고, 전근대적인 사고 안에 갇혀 있는 한국교회 지도자들에게 문제가 있다는 사실이 드러난다.

이어지는 두 장에서 더 언급하겠지만, 우리가 현대의 지식, 현대의 문화를 받아들이는 것은 현대에 적응하기 위한 노력이다. 적응하지 못하는 것은 어느 것이나 모두 도태하게 마련이니까. 교회도 살아남기 위해서는 현대문화에 적응해야 한다. 현대의 문화를 호흡하는 사람들은 교회의 전근대적인 언어를 받아들이려 하지 않는다. 문을 닫아가는 서양의 교회가 현대인의 언어를 외면하는 교회는 퇴락하게 된다는 사실을 웅변적으로 말해주고 있다. 하나님은 결코 한국교회가 퇴락하는 것을 바라시지 않을 것이다.

지금까지 이 장에서는 개역개역판 성경을 중심으로 우리말 성경번역에 나타나는 문제점, 그 결과로 교회의 예배가 개그 콘서트장이 되었다는 점을 지적했다. 그리고 교회에서 오랫동안 문학을 외면한 결과 신학자들이 반어법을 몰라서 실수하고 있다는 점, 자료비평이나 문학을 외면하는 보수적인 교회가 아직도 모세가 오경을 기록했다고 고집한다는 점을 언급했다. 언어도 변하고 성경에 대한 연구도 발전하는데, 성경번역이나 오경 기록자에 대한 것처럼 무조건 옛 것만을 고집하는 것은 사리에 맞지 않는, 지혜롭지 못한 일이다. 이렇게 현대를 외면하고 전근대적인 것을 고집하는 것은 자동차를 마다하고 마차를 타겠다고 버티는 사람과 별로 다르지 않다.

제 4 장

이제 자동차를 타자

교회에서는 오랫동안 문학을 외면해 왔다. 그런데 19세기 이후로 믿음의 언어와 문학의 언어가 유사하다는 사실에 착안하면서 교회가 문학을 받아들여서 문학 비평방법을 성경해석에 적용하게 되었다. 성경은 역사적 기록도 과학적 기록도 아니고 문학의 형식을 빌려서 하나님에 대한 믿음을 기록한 책이다. 성경의 기록을 문학적 언어로 받아들일 때 현대독자들에게 걸림돌이 되는 여러 문제들이 해결된다. 그리고 문학적 안목을 가지고 성경을 읽으면, 인간을 중시하는 예수님의 복음이 천국복음의 중심에 자리하고 있다는 사실이 드러난다.

보수적 성향이 강한 한국교회에는 아직도 문자적으로 성경을 읽는 사람들이 많다. 우리의 지적수준이 높아지고 비판적 능력이 증대하면서 현대의 독자는 보수주의자들이 고집하는 성경무오설이나 문자적 성경 읽기로는 납득할 수 없는 것들이 많다는 것을 알게 되었다. 문학적 성경 읽기가 도입된 것은 이러한 문자적 성경 읽기의 문제점을 해결하기 위해서다. 새 술을 새 부대에 담으라는 말씀이 있는데, 옛것을 무조건 지키는 것은 지혜로운 일이 아니다. 문명의 이기가 고도로 발달한 이 시대에는 마차를 버리고 자동차를 타고 다녀야 하지 않을까?

1. 문학을 외면한 교부들의 착각

3세기의 터툴리언은 믿음의 언어와 문학의 언어가 다르다는 점을 강조하면서 "아테네와 예루살렘이 무슨 상관이 있는가?"라고 물었다. 4세기의 제롬 역시 "호라티우스와 시편 작가가 어떻게 동행할 수 있으며, 베르길리우스와 복음서, 키케로와 사도가 어떻게 동행할 수 있겠는가?"라고 말했다. 이러한 그들의 이분법적인 사고는 플라톤 철학에서 나왔다. 그리고 교부들은 이러한 주장의 성경적 근거를 "의와 불법이 어찌 함께 하며 빛과 어둠이 어찌 사귀며 그리스도와 벨리알이 어찌 조화되며 믿는 자와 믿지 않는 자가 어찌 상관하며 하나님의 성전과 우상이 어찌 일치가 되리요"(고후 6:14-16)라는 바울의 언급에서 찾았다. 바울은 여기서 문학을 언급하지 않았지만, 문학을 불신한 교부들은 문학을 불법, 어둠, 벨리알, 불신앙, 우상으로 보았다. 그들의 문학에 대한 편견은 중세를 거쳐 19세기 말까지 신학계에서 지속되었고 그 고정관념은 아직도 한국교인들의 의식에 깊이 뿌리내리고 있다.

그러나 20세기 이후 언어와 문학에 대한 이해가 깊어지면서 믿음의 언어와 문학의 언어가 유사하다는 인식이 확산되었다. 문학 비평가들은 문학의 언어와 과학의 언어를 구별하고 감정의 언어와 이성의 언어를 구별한다. 문학의 언어는 감정의 언어고 과학의 언어는 이성의 언어라고 말한다. 그런데 종교학자들이나 신학자들은 종교의 언어를 과학의 편에 두지 않고 문학의 편에 둔다. 여기서 우리가 주목할 것은 교부들이 문학을 세속적인 것으로 성경을 성스러운 것으로 구분했던 것과 달리, 현대 신학자들은 그 구분의 기준을 언어의 특성에 두고 있다는 점이다. 특별히 종교학자들은 현대에 와서 성과 속이 가로막혔던 담을 넘어서 서로 넘나들게 되었다고 말한다. 그렇다면 성경과 문학을 구분하려고 하기보다는 그 둘의 유사성을 생각해보는 것이 바람직할 것 같다.

† 문학의 언어와 믿음의 언어

문학의 언어는 기본적으로 감정의 언어다. 한 편의 시를 읽으면서 감동을 받아 눈물을 흘리거나 한숨을 쉬는 경우가 많다. 시가 아닌 수필을 읽으면서도 감동을 받고 글 솜씨에 감탄한다. 연극을 보면서 우리는 웃거나 눈물을 흘린다. 그러한 감동은 소설에서도 마찬가지다. 옛날에 우리 할머니들은 손자나 손녀가 읽어주는 『장화홍년전』이나 『심청전』의 이야기를 들으면서 눈물을 흘리고, 『홍부전』을 들으면서 동생 홍부의 편을 들었다. 플라톤은 그의 공화국에서 시인을 추방해야 한다고 말했는데, 그 이유는 시인이 뮤즈의 영감(inspiration)을 받아서 시를 쓰기 때문에 감정에 도취한 시인의 글은 이성적이지 않다는 데 있었다. 특별히 낭만주의 시를 쓴 시인들은 감정을 중시했다. 그러나 낭만주의자가 아니더라도 시인 자신의 감정이 메말라 있다면 독자를 감동시키는 시를 쓸 수 없다.

성경 역시 우리에게 감동을 준다. 구약에서 보면 여호와께서 백성들에게 악한 길로 가지 말라고 선지자들을 통해서 백성들을 권면하시지만, 백성들은 여호와의 말씀을 듣지 않았다. 그러면 하나님은 그들에게 엄포를 놓기도 하고 화를 내기도 하고 징계하기도 하시면서도 당신을 배반하는 백성을 그냥 버려두지 않았다. 그들을 애굽에서 해방시키시고, 가나안으로 인도하셨는가 하면, 바벨론의 유배생활에서 풀어주셨다. 시편기자는 이스라엘에게 베푸신 여호와의 은혜를 감사하면서, "할렐루야 여호와께 감사하라 그는 선하시며 그 인자하심이 영원함이로다 누가 능히 여호와의 권능을 다 말하며 주께서 받으실 찬양을 다 선포하랴"(106:1-2)라고 감동적인 노래를 했다.

또한 그리스도인들은 인간을 구원하시기 위해서 하나님이 독생자를 이 세상에 보내셨다는 사실 앞에서 감사하며 감동하게 된다. 그 독생자 예수님이 우리를 구원하기 위해서 십자가의 고난을 당하셨다는 사실 앞에서 감사의 눈물을 흘리지 않을 수 없다. 우리 안에 계신 하나님, 우리 안에서 행하시는 하나님은 우리를 감동시키시는 주님이다. 성경을 읽거나 들을 때 마음이 뜨거워진다. 찬송가 역시 우리의 감정에 호소한다. 주님의 십자가에서의 고난을 노래하는 흑인영가는 "거기 너 있었는가 그때에, 주가 그 십자가에 달릴 때. 때로 그 일로 나는 떨려, 떨려, 떨려. 거기 너 있었는가 그때에."라고 감정에 호소한다. 우리는 찬송가를 부르면서 감동하여 눈물을 흘리는 경우가 많다. 믿음이 주제인 성경 이야기는 감사와 찬양이 중심이 되어 있다.

문학작품은 주관적인 글이다. 작품을 쓰는 것을 창작한다고 말하고 작품을 창작품이라고 부르는데, 작가는 자기 마음에 맞는 어휘를 선택하고 자기 나름대로 문장을 배열하고 자기가 전하고 싶은 메시지를 작품에 담는다. 그래서 작가마다 내용뿐 아니라 문체가 다르게 되어 있다. '문체는 바로 그 사람이다.'라는 말이 여기서 나왔다. 그런 면에서 문학 작품은 객관성을 추구하는 역사 기록이나 과학적 기록과 다른 주관적인 글이다.

성경은 하나님의 영감을 받아서 쓴 기록이지만, 기록자들의 주견이 가미되었다. 예를 들어서, 예수님의 공생애를 다룬 복음서들의 구성과 내용이 각각 다르고 문체가 다르다. 그리고 우리는 누가복음과 요한복음에서 그 기록자들이 수동적인 기록자들이 아니고 자신들에게 주어진 자료들을 기록자 나름대로 선택하여 정리한 사람들이라는 것을 알게 된다. 누가복음 1장 1-3절에는 "우리 중에 이루어진 사실에 대하여 처음부터 목격자와 말씀의 일꾼 된 자들이 전하여 준 그대로 내력을 저술하려고 붓을 든 사람이 많은지라 그 모든 일을 근원부터 자세히 미루어 살핀 나도 데오빌로 각하에게 차례대로 써 보내는 것이 좋은 줄 알았노니" 라고 기록되어 있다. 누가복음 기록자는 붓을 든 여러 사람들 중의 한 사람이다. 그가 다른 사람들이 기록한 것을 그대로 베끼려고 했다면, "그 모든 일을 근원부터 자세히 미루어" 살필 필요가 없었을 것이다. 그렇게 살핀 후에 그는 자기 나름대로의 글을 써서 데오빌로 각하에게 보낸 것이 분명하다. 그 결과 누가복음은 어느 다른 복음서와는 다른 책이 되었다.

기록자들이 가지고 있던 자료들을 그들의 판단에 따라 골라 뽑았다는 사실을 요한복음이 분명하게 증언해준다. 요한복음 20장 30-31절에는 "예수께서 제자들 앞에서 이 책에 기록되지 아니한 다른 표적도 많이 행하셨으나 오직 이것을 기록함은"이라고 되어 있고, 21장 마지막 절에는 "예수께서 행하신 일이 이 외에도 많으니 만일 낱낱이 기록된다면 이 세상이라도 이 기록된 책을 두기에 부족할 줄 아노라"고 기록되어 있다.

위에서 인용한 누가복음과 요한복음의 기록을 통해서 성경의 기록자들이 수동적인 기록자들이 아니고 능동적인 관여자들이라는 것을 알 수 있다. 여기서 성경의 기록자들을 관여자들이라고 말하는 것은 기록자들이 그들의 상상력에 의해서 성경의 내용을 만들어내지 않았다는 것을 의미한다. 성경의 기록자들이 작가들처럼 창작해 낸 것은 아니지만, 그들의 목적에 맞게 그들에게 전해진 자료들을 정리했다는 면에서 제한된 범위에서 나마 기록자들의 주관이 반영되었다고 말할 수 있다.

문학은 경험의 언어다. 우리는 작품을 읽으면서 간접경험을 한다고 말한다. 작가는 먼저 자신이 경험한 것을 작품의 인물들을 통해서 전달하고 독자는 인물들의 경험을 접하면서 간접경험을 한다. 작가가 상상력을 발휘해서 작품을 쓰지만, 그 상상된 세계는 직접, 간접으로 그의 경험과 관련되어 있다. 그래서 작가는 폭 넓은 경험을 해야 한다고 말한다. 이 폭 넓은 경험 안에는 작가가 직접 경험한 것뿐 아니라 그가 들은 것이나 책에서 읽은 간접경험도 포함된다. 작품 가운데 인물이 등장하지 않는 시에서도 시인의 경험이 시어를 통해서 독자에게 전달되고, 독자는 시를 읽으면서 자신의 경험의 영역을 넓힌다.

성경에는 믿음의 사람들이 겪은 신앙적 경험이 기록되어 있다. 아브라함은 하나님의 말씀을 듣고 아버지의 집을 떠났다. 그리고 하나님의 말씀에 순종하여 나이 들어서 난 아들 이삭을 바치려고 길을 나섰다. 모세 역시 하나님의 말씀에 의지해서 담대하게 바로 앞에 섰다. 기드온은 하나님의 말씀을 믿고 3백 명의 적은 수의 군사들을 이끌고 담대하게 나아갔다. 성경은 이러한 믿음의 사람들의 신앙적 경험으로 가득 차 있다. 우리는 예수님의 자기희생적인 사랑을 성경을 통해서 경험하고, 바울을 통해서도 헌신적인 복음전파를 배운다. 우리는 그들의 경험을 대하면서 간접경험을 하고 그들의 신앙을 본받으려고 애쓴다. 이러한 깨달음과 배움은 문학작품에서 간접경험을 통해서 배우는 것과 다르지 않다. 문학작품과 성경의 이야기가 모두 인물들이 등장하는 이야기체의 틀 안에서 진행되기 때문에, 문학작품과 성경에서 독자들이 등장인물들의 경험을 통해서 배운다는 면에서 문학작품과 성경 사이에는 공통점이 있다.

문학의 언어는 이상세계를 갈망하는 꿈의 언어다. 아리스토텔레스는 소설은 지어내는 것이지만 가능한 것을 다룬다고, 이 가능한 세계는 역사보다 더 진실한 것을 다룬다고 말했다. 토마스 모어는 그의 『유토피아』에서 세상에 없는 이상적인 사회를 그렸다. 그 사회는 현실에 존재하지 않는 가공적인 것이지만 그가 소망하는, 꿈꾸는 사회다. 그는 정치인으로서 헨리 8세 당시의 부패하고 뒤틀린 사회를 보면서도 그에게 그 사회를 바로잡을 힘이 없었기 때문에, 현실적으로 이룰 수 없는 그의 꿈을 『유토피아』에서 그렸다. 토마스 모어가 쓴 유토피아 소설은 작가의 소망을 그리는 극단적인 방법이지만, 작가들은 너 나를 가릴 것 없이 그들의 작품에서 자신의 꿈을 그린다. 소설만이 아니라 모든 문학작품에서 작가는 그가 꿈꾸는 진실한 인간다운 삶, 진실한 사회를 그린다. 그들은 꿈꾸는 사람들이다. 그리고 소망을 먹고 사는 사람들이다.

그리스도인들 역시 꿈꾸는 사람들, 소망을 지닌 사람들이다. 성경에서는 하나님의 뜻이 이루어지는 하나님의 나라를 건설하라고 말한다. 이 악한 세상에 살고 있는 그리스도인들은 하나님의 선한 뜻이 이루어지는 나라를 이 땅 위에 세우려는 꿈을 지니고 있다. 그것은 어쩌면 모어의 유토피아 같은 것일지 모른다. 그리스도인들은 "나라가 임하시오며 뜻이 하늘에서 이루어진 것 같이 땅에서도 이루어지이다"라고 날마다 기도하면서 노력한다. 그리고 이 고달프고 악한 세상 다음에 올 낙원을 소망한다. 우리는 예수님이 재림하실 때 새 하늘과 새 땅에서 주님과 함께 살 날을 소망하면서 현세의 고달픈 삶을 견뎌나간다. 믿음은 소망 가운데서 자라고 소망 가운데서 강해진다.

이사야서에 제시된 메시아에 대한 예언 역시 이 악하고 고달픈 세상에 전개될 낙원에 대한 소망을 표현한다. 유대인들의 의식 깊은 곳에 자리하고 있던 메시아 대망사상은 바로 그들의 꿈과 소망을 말해준다. 시편 기자는 "여호와께서 그들이 바라는 항구로 인도하는도다"(107:30)라고 노래한다. 히브리서에는 "믿음은 바라는 것들의 실상"이라고 기록되어 있다. 믿음의 언어는, 문학의 언어와 마찬가지로, 이상세계를 갈망하는 꿈의 언어다.

† 마치면서

이렇게 믿음의 언어와 문학의 언어 사이에는 유사점이 많다. 이러한 두 언어의 유사점으로 인해서 믿음이 문학의 표현을 취할 수 있었고, 20세기의 신학자들은 하나님에 대한 믿음을 기록한 성경을 문학적 시각에서 이해하려고 노력했다. 그리고 성경이 문학의 형식으로 기록되었기 때문에 성경 해석에 문학비평 방법을 도입할 수 있었다. 그 결과 성경을 새롭게 이해하고 해석할 수 있는 길이 열렸다.

초대교회의 교부들이 문학을 불신하고 그 결과 오랫동안 교회에서 문학을 외면했던 것을 생각하면, 20세기 이후에 일어난 신학자들의 문학에 관한 관심은 정말 놀랍다. 마치 지동설을 반대하던 교회가 지동설을 받아들인 것과 비슷하다는 생각이 든다. 신앙인들은 자기가 배운 것, 생각하는 것을 절대화하는 경향이 있다. 고정관념에 함몰되어 있는 사람들을 향해서 예수님은 귀가 있어도 듣지 못하며 눈이 있어도 보지 못한다고 한탄하셨다. 이렇게 고정관념을 버리지 않던 교회가 오랫동안 불신해 온 문학을 받아들이게 된 것이다. 이것은 참으로 놀라운 코페르니쿠스적인 변화다.

보수적 성향이 강한 한국교회에는 아직도 문학을 불신하는 사람들이 적지 않다. 그들은 교부들의 전통을 고수하려는, 교회에서 가르치는 진리는 변하지 않는다는 진리불변의 법칙을 고수하려는 고집스러운 사람들이다. 그러나 하나님의 세계에 대한 인간의 설명이나 해석에는 항상 오류가 있을 가능성이 있다. 가톨릭교회에서는 한때 교황은 오류를 범하지 않는다는 교황무오설을 주장했다. 그러나 지금 교황무오설을 받아들이는 사람은 없다. 그리고 교회에서는 성경의 기록에는 인간의 주관이 전혀 반영되지 않았다는 축자영감설이나 기계적 영감설을 내세웠지만, 이제는 유기적 영감설을 지지하는 사람들이 다수를 이루고 있다.

우리는 인간의 생각이나 관점에는 한계가 있다는 것을 겸허하게 받아들이면서 우리의 사고의 지평을 넓히기 위해서 부단히 노력해야 한다. 그리고 발전하는 지식과 문명을 받아들이려는 적극적인 자세를 취해야 한다. 청학동에서 상투를 틀고 사는 일심교인들처럼 옛 삶의 방식이나 사고의 틀 안에서 살 수도 있을 테지만, 그러한 삶은 바람직한 것도 지혜로운 것도 아니다. 우리는 마차를 타던 시대의 사고를 버리고 자동차를 타는 시대의 문화를 받아들여야 한다. 문학을 외면하던 교회가 문학을 받아들인 것은 쉬운 일이 아니었겠지만, 교회가 그 어려운 일을 한 것은 성경이 문학의 형식을 빌려서 기록된 책이라는 것을 알게 되었기 때문이다.

2. 문학의 형식을 빌려서 기록된 성경

'문학적 성경 읽기'라든지 '왜 성경을 문학작품이라고 하는가?' 같은 말을 들으면 많은 그리스도인들이 알레르기 반응을 보인다. 문학을 전공하는 내가 신대원에서 공부할 때, 교수가 성경을 작품이라고 말하는 것을 처음 들었을 때 거부감이 들었었다. 문학전공자가 그렇게 거부감을 느꼈다면 일반인들이야 말할 필요가 없을 것이다. 그들은 공화국에서 시인을 추방한 플라톤처럼 그리고 문학을 외면한 교부들처럼 문학은 속된 것, 가공적인 것이라고 여긴다. 그래서 성경을 문학작품이라고 하면 거룩한 하나님의 말씀을 속된 문학작품으로 끌어내린다는 생각을 하게 된다.

문학적 성경 읽기에 대한 교인들의 이러한 반응은 충분히 이해할 만하다. 성경을 문학으로 접근한다는 것은 그들이 오랫동안 믿었던 거룩한 성경에 대한 신념을 뒤엎는 일이기 때문이다. 문학을 불신하던 신학자들이 문학의 편에 들게 된 사실은, 앞에서 말한 것처럼, 코페르니쿠스적 전환이다. 지동설을 주장하는 갈릴레오를 소환하여 심문했던 교황청에서는 갈릴레오의 주장을 신앙의 근간을 흔드는 이단적인 말로 간주했다. 그러나 실상 지동설이 헛된 주장이 아니고 그것으로 인해서 그리스도교 신앙의 근간이 흔들리지 않았던 것처럼, 성경이 문학형식으로 기록되었다는 말도 헛된 주장이 아니고, 문학적 읽기가 성경의 거룩함을 훼손하지도 않는다.

성경의 문학적 이해는 성경의 기록 과정을 연구한 19세기의 고등비평에서부터 시작했고 20세기에 와서 글쓰기와 문학에 관한 이해가 깊어지고 널리 퍼지면서 그 뿌리를 내리게 되었다. 달리 말해서, 성경에 관한 문학적 관심은 축자영감설이 오류임을 인지한 데서 출발했지만, 신학자들이 문학을 적극적으로 지지하게 된 것은 그들이 성경과 문학 사이에 공통점이 있다는 것을, 하나님에 대한 믿음이라는 성경의 주제가 문학형식을 취해서 표현되었다는 사실을 확인했기 때문이다.

† 성경에 나오는 문학 장르

성경에는 여러 가지 문학 장르가 섞여 있다. 장르라는 용어는 시, 소설, 극 같은 문학 형태의 종류를 가리키는 말이다. 성경에 나오는 문학 장르들 중에서 가장 먼저 눈에 띄는 것은 시편, 아가서 같은 시문학이다. 이러한 시들이 문학이라는 사실을 부인할 사람은 없다. 욥기, 잠언, 전도서 같은 지혜서들도 문학작품이다. 우리는 지혜문학이라는 말을 들은 일이 있다. 신약에서 보면 사도들이 각 교회에 보낸 편지가 있는데, 그런 것은 서간 문학이라고 부른다. 성경의 마지막에 나오는 요한계시록은 기록자가 환상 중에 본 것을 기록한 글인데, 그런 종류의 글은 계시문학이라고 한다. 우리는 성경에 이러한 문학작품들이 포함되어 있다는 것을 전부터 알고 있다.

그런데 우리는 성경에 나오는 이야기들이 문학형식이라는 데에는 별로 관심이 없었다. 실상 구약의 오경, 예언서들, 대부분의 성문서들, 신약의 복음서들은 이야기체 문학형식을 취하고 있다. 이야기에는 기본적으로 이야기를 끌고 나가는 이야기꾼이 있고 주어진 이야기 안에서 행동하는 사람들, 즉 등장인물들이 있다. 그리고 이야기 줄거리가 있고 그 이야기가 전달하려는 메시지, 즉 주제가 있다. 이러한 문학형식을 서사문학이라고 부른다. 주제에 관해서는 다음에 언급하기로 하고 우선 여기서는 신구약의 이야기에 나오는 이야기를 끌고 나가는 이야기꾼, 등장인물, 이야기 줄거리 같은 이야기의 틀에 대해서 생각해 보기로 한다.

복음서에서 보면 첫 번째 나오는 마태복음이 "아브라함과 다윗의 자손 예수 그리스도의 세계라"로 시작한다. 여기서 우리는 예수 그리스도의 세계를 설명해주는 이야기꾼이 있다는 것을 파악할 수 있다. 이어서 마리아, 요셉, 헤롯, 동방 박사 등 여러 사람들이 나온다. 이야기가 진행되면서 예수님이 세례를 받고 공생애를 시작한다. 여기서 우리는 복음서의 주인공은 예수님이라는 것을 알 수 있다. 복음서에도 예수님 외에 제자들, 복음을 듣는 일반인들, 예수님을 비난하는 유대교 지도자들 등 많은 사람이 나온다. 예수님은 이적을 행하시면서 천국복음을 전파하시고, 당신이 메시아임을 제자들에게 예고하시고, 십자가에 못 박히시고, 부활하신 후 승천하신다. 복음서에는 이러한 이야기 줄거리가 있다.

창세기에서 보아도 이야기를 끌고 나가는 이야기꾼이 있고 에덴동산의 아담과 하와, 아브라함, 이삭, 야곱, 요셉 같은 사람들이 나오고 이야기가 쭉 전개된다. 레위기, 민수기, 신명기에서 보면 여기에도 이야기꾼이 있고 여호와께서 모세에게 명령하시고 모세는 그 명령을 받아 실행한다. 사무엘서, 열왕기서, 역대기에도 이야기꾼이 있고 사울과 다윗,

솔로몬과 관련된 이야기 줄거리가 있고, 북왕국과 남왕국을 치리한 왕들에 관한 이야기가 나온다. 여기서는 사울, 다윗, 솔로몬 등의 왕이 주요인물들로 등장하고 그들 아래에 군소인물들이 나온다. 심지어 창세기 1장에서도 이러한 이야기의 틀을 볼 수 있다. 창세기 1장은 "태초에 하나님이 천지를 창조하시니라"로 시작한다. 여기에도 이야기를 전달하는 이야기꾼 혹은 기록자가 있고 이 1장에서 일하시는 분은 하나님이다. 따라서 1장의 주인공은 하나님이다. 그리고 하나님이 창조하신 일의 순서에 따른 줄거리가 있다. 창세기 1장의 기록은 이야기문학의 틀에 들어맞는다.

여기서 창세기를 과학적 기록이라고 주장하는 사람들을 위해서 창세기의 이야기와 과학의 기록을 비교해 본다. 과학적 기록에도 이야기의 이야기꾼에 해당하는 기록자가 있다. 그러나 과학의 기록에는 등장인물도 이야기 줄거리도 없다. 단지 이론의 전개 혹은 나열이 있을 뿐이다. 수학의 경우에 예를 들면, '삼각형의 내각의 합은 180도다.'라는 공식에서 혹은 '12에 3을 곱하면 36이다.'라는 셈법에서 그 공식이나 셈법을 말하는 사람을 생각할 수는 있지만, 거기에는 행동하는 사람이 나오지 않는다. 이 수학적 글에는 등장인물이 필요 없다. 과학적인 사실을 기록하는 대부분의 글, 이성적이고 분석적인 글에는 이야기에 등장하는 인물이 나오지 않는다. 성경의 많은 부분에서 하나님의 명령을 받아 활동하는 사람들이 나온다는 것은 바로 성경의 기록이 과학의 기록과 다르다는 것을 말해준다. 그리고 다른 한편으로는 성경의 기록이 문학형식을 취하고 있다는 것을 말해주기도 한다.

† 성경과 문학의 주제

이야기체의 문학작품에는 그 작품을 통해서 전달되는 메시지, 다시 말해서 주제가 있다. 그 주제는 이야기의 줄거리 가운데 나타나는 주요 인물의 언행, 주요인물과 군소인물들 사이의 관계를 통해서 파악된다. 그 주제는 작품의 시작, 중간, 마지막까지 작품 전체 안에 포함되어 있다. 그리고 작품의 모든 인물들과 사건들 그리고 구성은 주제를 드러내는 데에 이바지한다. 특히 단편소설처럼 길이가 짧은 작품에서는 첫 단어에서부터 마지막 문장까지 단일한 효과를 위해서, 다시 말해서 하나의 주제를 효과적으로 드러내기 위해서 짜임새 있게 구성되어야 한다는 것이 단편소설에 관한 기본 이론이다.

이야기체의 작품이 아닌 다른 장르의 문학작품에도 주제가 있다. 극작품에도 주제가 있다. 연극이나 영화 혹은 연속극에서 우리는 작가가 전하려는 메시지를 어렵지 않게 파악한다. 시에도 작가가 전하려는 주제가 있다. 시인은 시에 자신의 느낌을, 자신의 생각을 담는다. 음을 표현 매체로 삼는 음악에도 색채를 매체로 하는 미술작품에도 작곡자나 화가가 담으려는 주제가 있는데, 하물며 인간의 생각을 전달하는 언어를 표현 매체로 하는 문학작품에 주제가 없을 수 없다. 작가는 자신의 주제를 드러내기 위해서 작품을 쓴다고 말해도 좋을 것이다.

성경에도 성경 전체에서 혹은 66권의 개별 책에서 전하려는 주제가 있다. 그것은 한 마디로 말해서 하나님 체험이다. 달리 말하면, 성경의 주제는 하나님에 대한 믿음이다. 창세기 1장도 창세기 전체도, 출애굽기도, 레위기도, 시편도, 예언서들도, 복음서들도, 서신서들도, 마지막 책인 요한계시록도 모두 하나님에 대한 믿음을 나타내기 위해서 기록된 글들이다. 성경의 시가서, 지혜서, 서신서, 계시록 그리고 이야기체로 기록된 부분들을 모두 합쳐서 성경 전체가 문학형식을 취한 책이라는 사실을 받아들일 수 있다면, 성경을 믿음이 주제인 문학작품이라고 말하는 데에 어려움이 없을 것이다. 성경은 하나님에 대한 믿음의 주제를 담은 문학작품이다.

성경을 역사적 기록이라고 말하는 사람들이 있지만, 성경은 역사적 기록이 아니다. 고려시대의 우왕의 치적을 기록하려고 할 때, 먼저 기록자가 있고, 그 기록자가 관찰하고 정리한 우왕의 치적에 관련된 사건들이 있고, 그 사건들에 관련된 사람들이 있다. 먼저 중심인물은 우왕이고 그 밑에 이인임, 최영, 이성계 같은 고관들과 백성들이 나온다. 여기까지는 성경의 이야기와 별로 다르지 않다. 그러나 역사 기록에는 일관된 주제가 없다. 사건들의 나열이 있을 뿐이다. 독자가 역사의 사건 기록을 통해서 우왕이 정치를 잘못했다든지 세종대왕이 훌륭한 왕이었다고 판단할 수는 있지만, 만약 기록자가 객관적으로 기록하지 않고 우왕을 어리석은 왕으로 혹은 세종대왕을 선정을 베푼 왕으로 보이게 만들려고 기록을 수정 가감한다면 그것은 객관성을 중시하는 역사 기록이 아니다. 역사 기록에서는 기록자가 자의적으로 주제를 부각시키려고 해서는 안 된다. 일어난 사건들만을 객관적인 입장에서 나열하려고 노력해야 한다.

만약 역사 기록자가 어느 왕이 훌륭했다는 주제를 부각시키려는 의도를 가지고 역사를 기록한다면, 그 기록은 객관적인 역사 기록이 아니고 역사소설이 되고 만다. 역사소설가는 역사적 사실에 의지하기는 하지만, 자신의 주제를 부각시키기 위해서 그 사실들을 주관적으로 선택하고 그 주제와 맞지 않는 사건들을 버리게 되어 있다. 성경에는 각 책마다 그리고 전체에서 드러내려는 분명한 주제가 있다. 그것은, 앞에서도 말했지만, 하나님에 대한 믿음이다. 이렇게 성경에는 주제가 분명하기 때문에 일정한 주제를 부각시킬 수 없는 역사 기록과는 다르다.

우리가 여기서 짚고 넘어가야 할 것이 있다. 성경을 문학작품이라고 말하는 것은 성경이 문학형식을 취하고 있다는 것, 문학의 언어로 기록되었다는 것을 말한다. 성경을 작품으로 볼 때 성경의 주제가 훼손되거나 변경되는 것은 아니다. 문학작품의 주제는 다양하다. 그 주제는 남녀 관계일 수도 있고, 사회문제일 수도 있고, 정치문제일 수도 있고, 종교 문제일 수도 있다. 그 어느 주제라도 문학형식을 취하면 우리는 그 책을 문학작품이라고 부른다. 문학작품을 규정하는 근거는 그 형식이지 주제가 아니다. 그렇기 때문에 성경의 문학형식에 주목하더라도, 달리 말해서, 성경을 문학작품이라고 보더라도 성경의 주제는 달라지지 않는다.

교회가 문학을 받아들여서 문학적 성경 읽기가 대세가 된 이 시대에 여전히 문학을 외면하고 문자적 성경 읽기를 고집하는 사람들이 있다. 그것은 마치 디지털 혁명을 반대하면서 아날로그 시대에 머물러 있으려고 안간힘을 쓰는 것과 같다. 그러한 고집은 무익한 일이다. 문자적 성경 읽기를 고집하는 사람들은 성경을 문학작품으로 보면 성경이 허구적인 이야기로 전락하게 된다고 걱정한다. 그런데 실상 문자적으로 성경을 읽으면 여러 가지 해결되지 않는 문제들을 만나게 되는데, 문학적 성경 읽기는 그런 문제들을 해결해준다.

3. 문자적 성경 읽기의 문제점

J 목사님이 보내주신 책 창조신앙과 창세기의 인물들에 관한 두 권의 책을 잘 받아 읽었습니다. 그 책의 머리말에서 보니 목사님은 철저한 보수적 신앙을 지닌 분이군요. 국내의 진보적인 신학대학에서 공부하신 후 미국의 보수적인 신학대학에서 박사를 취득하시기 위해서 공부하시는 동안 보수신앙만이 한국교회를 살리는 길이라는 사명감을 갖게 되었군요. 그동안 그 사명을 완수하기 위해서 열심히 목회를 하셨습니다. 그 외에도 대학에서 시간강사와 겸임교수로 학생들을 가르치시고 무려 15권의 단행본 저서를 내시면서 보수신앙의 전파를 위해서 힘써 오셨군요.

목사님이 제게 전화하셨을 때, 제 글 "신앙인과 문학"을 읽으셨다고 하면서 제가 그 다음에 낸 책들을 알고 싶어 하셨고, 그리스도교 문학작품들의 목록을 보내달라고 하셔서 저는 목사님이 제 글의 내용에 찬동하시는 줄 알았었습니다. 그런데 제게 보내주신 책들을 읽어보고 제가 잘못 판단했다는 것을 알았습니다. 목사님은 성경을 문자적, 문법적으로 읽으시기 때문에 저처럼 문학적으로 읽으려는 사람과는 다른 입장을 취하신다는 것을 알게 되었습니다. 그리고 제가 '성경과 문학' 과목을 가르친 신학대학교에서 문자적 성경 읽기를 가르치신 것도 알게 되었습니다. 어느 학생이 목사님의 수업과 제 수업을 모두 들었다면 상당한 혼란을 겪었을 것 같습니다.

목사님이 제게 이 책들을 보내주신 것은 그것들을 통해서 제 생각이 잘못이라는 것을 가르쳐주시려는 것으로 보입니다. 목사님이 제 글 "신앙인과 문학"을 읽으신 후 그 책들에서 태고사를 문자적으로 읽는 법을 제게 말씀하셨으니, 이제 저는 목사님의 책들을 읽고 목사님에게 태고사를 문학적으로 읽는 법을 보여드리고 싶어서 이 편지를 씁니다. 그리고 목사님과 제게서 서로 다른 성경 읽기를 배운 학생들에게, 시간이 많이 지난 지금, 두 가지 성경 읽기를 비교하는 기회를 주는 것도 좋을 것이라는 생각이 드네요.

† 창세기 1장 읽기

J 목사님은 창세기 1장에 기록된 모든 것을 문자적 의미 그대로, 달리 말해서 역사적인 사실을 기록한 글로 받아들입니다. 창조의 순서와 6일 동안의 창조를 받아들입니다. 광명체가 있기 전에 빛이 있었고, 햇빛이 있기 전에 식물이 있었다는 그 순서도 받아들입니다. 그리고 넷째 날 해와 달을 하늘의 궁창에 두어 땅을 비추게 하셨다는 언급은 지구 중심적인 생각인데, 지구 중심적인 생각도 받아들입니다. 그래서 목사님은 지구는 태양계 주위를 도는, 태양계에 예속된 것이 아니라고 말씀하십니다.

여기서 문제는 1장의 기록을 문자적으로 받아들이다 보니 모든 현대 과학을 불신하게 되었다는 사실입니다. 이 1장에 나오는 지구중심적인 생각을 받아들이면 지동설을 거부할 수밖에 없습니다. 목사님은 과학직 지식과 성경의 내용이 대립할 때 과학을 버리고 성경의 편에 섭니다. 언뜻 보기에 아주 신앙적인 자세로 보입니다. 그러나 이것은 정말 바람직한 일일까요?

기록자는 3천여 년 전에 그가 살고 있던 시대의 문화 안에서 그리고 그가 알고 있던 지식을 동원해서 창조신앙을 표현했습니다. 이 기록자가 현대의 과학을 모르고 있었다는 사실을 염두에 두면, 창세기 1장에 나오는 기록이 우리의 과학적 상식과 맞지 않는 것을 쉽게 이해할 수 있습니다. 그런데 현대의 독자들은 1장의 기록이 자기들의 상식과 맞지 않기 때문에 1장에 기록된 하나님의 창조를 믿으려고 하지 않습니다. 그러니까 이것을 안타깝게 생각하신 목사님은 창조신앙을 믿으려면 과학을 외면해야 한다고 생각하게 된 것이지요. 그런데 우리가 현대의 과학을 외면할 수는 없는 일이기 때문에, 과학적 지식을 받아들이면서 1장에 기록된 창조신앙을 받아들일 수 있는 해석 방법을 찾아낼 수 있으면 참 좋겠습니다.

구약신학자들은 바벨론의 '에누마 엘리시' 서사시 가운데 1장과 비슷한 창조설화가 나온다고 말합니다. 물론 이 서사시에 나오는 마르두크 신과 하나님이 많이 다르지만, 구약학자들은 두 가지 창조설화에 공통점이 있다는 것을 지적합니다. 신이 천지를 창조한 뒤 휴식을 취했다는 것이나 빛에서 시작해서 인간으로 끝나는 창조의 순서 등이 유사하다는 것이죠. 학자들은 구약성서의 창세기 기록이 '에누마 엘리시'에서 변형된 것이거나, 두 이야기가 모두 동일한 제3의 원전에서 파생된 것으로 추정하고 있습니다.

창세기 1장의 기록자는 신화의 시대에 살고 있었습니다. 바벨론의 '에누마 엘리시' 서사시에 나오는 창조설화와 1장의 내용이 비슷하다는 데서 우리는 그 사실을 알 수 있습니다. 그런데 신화적인 것을 표현하는 설화는 상상력의 표현인데, 우리는 그런 신화적인 이야기를 호머의 서사시에서 쉽게 접합니다. 상상력을 동원해서 표현한 신화적 이야기는 문학적 표현입니다. 신학자들은 성경의 언어를 신화적이고 은유적인 언어라고 말합니다. 그 말은 성경이 하나님의 뜻을 문학의 형식을 빌려서 표현하고 있다는 것을 의미합니다. 창세기 1장을 이해하기 위해서는 우리가 알고 있는 과학적 지식을 뒷전으로 미루고 3천여 년 전에 살았던 사람들의 세계로 들어가야 합니다. 그래서 그 기록을 통해서 그들이 표현하고자 한 창조신앙을 이해하려고 해야 합니다. 현대의 과학적 상식을 가지고 그 기록을 보면 허무맹랑한 것으로 보일 수밖에 없죠.

이렇게 기록된 시대의 문화를 감안하면서 읽으면 그 기록자가 표현하려고 한 창조신앙의 진정성을 받아들일 수 있습니다. 중요한 것은 기록자가 창세기 1장에서 능력의 하나님이 세상을 지으셨다는 그의 신앙을 표현하고 있다는 것을 이해하고 받아들이는 일입니다. 그리고 그 능력의 하나님이 지금도 우리를 이끄시고 우리 삶 가운데서 역사하신다는 것을 믿는 것이 그리스도교 신앙입니다.

그 기록이 신화적인 설화니까 믿을 수 없다고 생각하는 것은 부질없는 일입니다. 1장이 기록된 시대가 신화의 시대였는데 기록자가 어떻게 신화적 표현을 피할 수 있었겠습니까? 그 시대의 언어로 창조신앙을 표현한 것은 자연스러운 일이죠. 그런데 그 기록을 신화적인 기록이 아니라고 역사적인 사실을 기록한 글이라고 주장하면 그것은 엉뚱한 말입니다. 현대과학에 대한 지식이 없는 사람이 기록한 글을 놓고 그 기록이 우리의 과학적 상식에 맞지 않으니 받아들일 수 없다고 말하는 사람들 역시 지각이 부족한 사람들입니다.

그리고 창세기 1장을 신화시대에 산 사람이 그의 언어로 창조신앙을 표현한 것이라고 읽으면 1장을 받아들이기 위해서 현대의 과학을 외면할 필요가 없습니다. 1장을 문자적으로 받아들이는 목사님은 창세기의 내용과 맞지 않는 과학을 외면하려고 합니다. 그러나 어떻게 우리가 과학을 외면할 수 있습니까? 우리는 지금 과학이 마련해준 문명의 이기를 이용하며 살고 있는데 과학을 외면하라는 것은 억지 주장이지요.

† 창세기 2-3장 읽기

창세기 2장 4절 후반부에서부터 3장까지에는 창조의 이야기가 다시 나옵니다. 그런데 여기서의 천지창조는 1장에 나오는 천지창조와는 달리 하나님이 사람을 지으시고 에덴동산에 사는 아담과 하와가 하나님의 명령을 어김으로써 그 동산에서 쫓겨나는 인간의 삶에 대한 이야기체의 기록입니다. 에덴동산의 이야기는 먼저 문체가 1장과는 아주 다르죠. 1장에서는 첫째 날, 둘째 날의 순서에 따라서 천지가 창조된 것을 간략하게 서술하고 있는데, 에덴동산에서는 순서에 따르지 않고 우리에게 익숙한 이야기체로 되어 있습니다. 그리고 내용도 다릅니다. 1장에서는 천지 전체를 말씀으로 창조하고 마지막에 인간을 창조하시는데, 여기서는 하나님이 흙으로 인간을 지으신 후 그 창조된 인간 내외가 생활하는 가운데서 죄를 짓는 내용을 담고 있습니다. 그리고 이 죄의 문제는 4장 이하에서 11장까지 이어지는 중심 주제가 됩니다.

여기서 자료비평가들에 대한 이야기를 해야겠네요. 자료비평가들은 구약성경의 각 책 안에 서로 다른 문체, 어휘, 신학적 관점이 나타나는 일정한 길이의 단위들이 섞여 있는 것을 발견합니다. 이 다른 단위들이 섞여 있는 것은 성경의 각 책이 단일 저자의 기록이 아니고 이미 존재하던 여러 자료를 후대의 저자들이나 편집자들이 수집하고 나름대로 배열했기 때문이라고 봅니다. 자료비평가들은 본문 배후에 있는 자료들을 확인하기 위해서 성경의 각 책에 나타나는 문체와 어휘, 시각의 다양성, 하나의 구절이나 여러 구절 사이에 있는 모순과 불일치, 진행되는 구절의 계속성을 깨뜨리며 갑자기 나타나는 단절부분 그리고 반복부분들을 분석 확인합니다.

그들은 1장의 문체와 내용이 에덴동산의 이야기와 다른 것에 주목해서 그 자료가 다른 데서 왔다고 봅니다. 그래서 1장을 사제문서(P문서), 2-3장을 야훼문서(J문서)라고 부르죠. 그들은 이 두 문서에 나오는 신의 이름이 다른 데에 주목합니다. 아시다시피 사제문서인 1장에서는 신을 'Elohim'이라고 부르지만, 야훼문서인 2-3장에서는 'Jehovah'라고 부릅니다. 개역개정 성경에서는 'Elohim'을 하나님으로 'Jehovah'를 여호와 하나님으로 번역했죠. 그러나 자료비평가들의 견해를 받아들이지 않는 문자주의자들은 이 두 가지 천지창조 이야기는 동일한 기록자가 같은 사건을 다른 시각에서 본 것이라고 말합니다.

그런데 현대의 신학자들은 대부분 자료비평가들의 의견을 받아들이고 있어요. 물론 J 목사님은 축자영감설을 받아들여서 성경을 문자적으로 읽으시기 때문에 자료비평가들의 견해를 받아들이지 않겠죠. 보수적 성향이 강한 한국교회에서는 많은 목회자들이 목사님처럼 가르칩니다. 그런데 문자적으로 성경을 읽는 사람들은 현대의 과학적 상식을 외면할 뿐 아니라 이러한 신학자들의 연구 결과도 받아들이지 않습니다. 그들은 현대의 문화와는 담을 쌓고 계몽주의 이전으로 돌아가려는 퇴행적 태도를 취합니다. 그래서 문자주의자들은 어둡고 좁은 우물 속의 세계에 안주하면서 밝고 넓은 세상을 외면한다고 말할 수 있겠습니다. 저는 우물보다는 밝고 넓은 세상이 더 좋다고 생각합니다.

이제 2-3장의 이야기체를 언급하겠습니다. 여기서 하와가 뱀과 이야기하는 장면이 나오는데, 사탄을 상징하는 뱀을 의인화해서 우화적인 이야기가 전개됩니다. 아담의 갈빗대 하나를 취해서 하와를 만들었다는 이야기도 우화적 이야기의 틀 안에서 이해될 수 있습니다. 물론 흙으로 아담을 지으시고 숨을 불어넣으신 전능하신 여호와께서는 갈빗대를 취해서 여인을 만들 수 있습니다. 여기서 제가 지적하려는 것은 에덴동산의 이야기에 우화적 요소가 있다는 것입니다. 우화적 요소를 지적하는 것은, 에덴동산의 이야기를 문학적으로 이해해야 한다는 것을 드러내기 위해섭니다. 문학적 표현을 빌려서 하나님의 창조를 설명하고 있는 것이죠.

에덴동산의 창조 이야기를 문학의 형식을 빌린 것으로 본다고 해서 창조신앙이 무시되거나 약해지는 것은 아닙니다. J 목사님은 창조신앙에 관한 책에서 1장에 집중하시고 2-3장은 간단하게 다루셨는데, 창조과학자들 역시 1장에 치중합니다. 문학적 표현을 빌린 에덴동산의 창조 이야기는 별로 어려움 없이 받아들여질 수 있기 때문이죠. 이렇게 문학적 형식을 빌려서 우리의 신앙을 표현할 때 쉽게 그 믿음이 전달될 수 있습니다. 그래서 성경 기록자들이 문학의 형식을 빌렸고, 신학자들이 성경을 문학적으로 읽자고 이야기하는 겁니다. 여기서 예수님이 비유를 좋아하신 이유를 생각해 볼 수도 있겠습니다.

† 창세기 4-11장 읽기

창세기 11장까지를 원역사 혹은 태고사라고 부릅니다. 이 부분은 12장 이하에서 하나님이 아브라함을 부른 다음에 이어지는 이스라엘의 족장사와 구별됩니다. 족장사가 사실적 이야기라면, 태고사에는 신화적인 요소가 많습니다. 가장 두드러지는 것은 태고사에 나오는 많은 사람이 9백 세 이상 살았다는 것입니다. 가장 장수한 므두셀라는 969세까지 살았죠. 족장시대에 가서는 수명이 좀 줄어드는데, 어떻든 인간이 9백 년 이상 살았다는 이야기는 사실적인 것으로 받아들이기 어렵습니다. 그들은 신화시대의 사람들 아니겠습니까? 그러니까 족장시대에 앞서는 이 시대의 이야기를 태고사라고 부르는 것이겠지요.

그리고 이때에는 하나님의 아들들과 사람의 딸들이 결혼했습니다. 그리고 그들의 자손들은 거인들이라고 기록되어 있습니다. J 목사님은 하나님의 아들을 천사라고 해석하는 사람들이 있지만 경건한 믿음의 사람이라고 해석하는 것이 바람직하다고 말씀하셨습니다. 그런데 하나님의 아들이 사람의 딸들과 결혼했다는 것은 신이 인간과 결혼하는 그리스의 신화를 생각나게 합니다. 그리고 네피림을 언급하면서 그들의 아들이 용사였다는 기록 역시 신화적 인물을 생각나게 하지요. 문자적으로 성경을 읽으시는 J 목사님은 여기서 신화적 요소를 보지 않으려고 하시는데, 태고사에 신화적 요소가 많다는 것을 부인하기는 어렵습니다. 신화시대에 살았던 사람들이 신화적으로 표현했다는 것은 자연스러운 일입니다.

구약학자들은 바벨론의 "길가메시" 서사시에도 7장과 8장에 나오는 홍수와 비슷한 대홍수가 나온다고 말합니다. 물론 노아가 겪은 대홍수와 "길가메시" 서사시의 홍수가 동일한 것은 아니지만, 원시사회에서 근동의 사람들과 이스라엘인들이 비슷한 것을 말했다는 것은 흥미로운 일이 아닐 수 없습니다. 목사님이 지지하는 창조신학자들은 노아의 방주가 발견되었다고 말하면서 그 사진을 공개하기도 하지만, 실제로 그런 배의 유적을 보여주지는 못합니다. 목제로 만든 그 방주가 화석이 아니라면 현재까지 남아있을 수 없겠지요. 이러한 면에서 태고사의 홍수가 바벨론의 서사시에도 나온다는 사실은 많은 것을 시사해 줍니다. 그들은 비슷한 시대에 비슷한 사고의 틀 안에서 비슷한 것을 생각하고 있었다는 이야기 아닐까요?

이제 홍수 사건에서 나오는 서로 맞지 않는 기록에 대해서 언급하려고 합니다. J 목사님은 짐승들이 암수 한 쌍씩 방주에 들어갔다고 말씀하셨는데, 그 기록은 6:19와 7:15-16에 나옵니다. 그런데 7:2에는 정결한 짐승은 암수 일곱씩, 부정한 것은 암수 둘씩 들어갔다고 기록되어 있습니다. 그 다음 3절에는 새도 암수 일곱씩 데려오라고 되어 있습니다. 이러한 숫자의 차이를 자료비평가들은 각기 다른 자료에서 나온 것으로 설명합니다. 그런데 목사님은 그런 차이에 대해서는 눈을 감으시고 한 쌍씩만을 언급하셨습니다. 문자적으로 성경을 읽는 분들, 다시 말해서, 축자영감설을 주장하는 분들은 이렇게 상충하는 숫자를 받아들일 수가 없습니다. 그래서 일곱 쌍을 무시하는 것이죠. 그런데 이렇게 기록되어 있는 것을 무시하는 것은 정직한 일이 아닌 것이 분명합니다.

바벨탑에 대한 이야기도 해야겠네요. 11:1에는 "온 땅의 언어가 하나요 말이 하나였더라"고 기록되어 있습니다. 사람들이 탑을 쌓아올리는 것은 언어가 하나이기 때문이라고 생각하고 하나님은 그들의 언어를 혼잡하게 해서 그들이 탑을 쌓지 못하게 하셨습니다. 그런데 10장에서는 노아의 세 아들의 족보를 언급하면서 이미 그들의 언어가 족속마다 달랐다고 말하고 있습니다. 10장 5절, 20절, 그리고 31절에서 반복적으로 그들의 족속이 갈라지면서 언어도 다르게 되었다고 말하고 있거든요. 그런데 11장에서는 온 땅의 언어가 하나였다고 말합니다. 그러면 바벨탑 사건이 먼저 나와야 할 것 같은데, 뒤에 나와 있네요.

태고사에는 창조기사의 반복을 비롯해서 엇갈리는 기록들이 많이 나옵니다. 문자적으로 성경을 읽는 분들이 이러한 반복이나 상충되는 기록을 변호하는 데에는 한계가 있는 것처럼 보입니다. 자료비평을 받아들이면 성경의 권위가 훼손된다고 염려하는 것은 이해할 수 있겠습니다만, 성경의 권위를 유지하기 위해서 신학자들의 연구결과를 외면하고 엄연히 나와 있는 상충되는 기록들을 보지 않으려 하는 것은 스스로 자신을 속이는 일 아닐까요? 그것은 사실로 증명된 지동설을 외면하는 일과 다르지 않습니다.

† 마치면서

오늘 그동안 미루어 왔던 답장을 쓰게 되었습니다. J 목사님이 제 글을 읽으시고 2014년에 내신 두 권의 책을 보내주시면서 제게 말씀하시고 싶었던 것이 무엇인가를 그 책들에서 읽을 수 있었기 때문에, 그 책들에 대한 제 의견을 피력하고 싶었습니다. 제가 목사님이 내신 책의 내용을 언급하면서 독자들에게 도움을 주려고 노력했습니다만, 그렇더라도 목사님의 책들을 읽지 않은 독자들은 제 이야기를 따라오는 데에 어려움이 많았을 것입니다.

목사님이 그 두 책에서 다루신 태고사에 대한 제 생각을 장황하게 언급했는데, 인간의 생각에는 항상 한계가 있어서 우리가 말하는 것이 하나님의 세계를 올바로 드러내기에는 역부족이라는 사실을 인정합니다. 우리는 자기가 생각하는 것을 말하는 데에 불과하죠. 철학적 사상도 과학적 연구 결과까지도 계속 변합니다. 그래서 과학혁명이라는 말도 나오지 않았어요? 신학 역시 마찬가지죠. 우리의 문화가 달라지고 우리의 생각이 달라지면, 우리의 생각을 표현할 수 있는 언어로 하나님의 세계를 말하려고 하지요. 제가 강조하고 싶은 것은 우리의 문화가 바뀌고 생각이 바뀌면 새로운 언어로, 다시 말해서 현대인이 납득할 수 있는 언어로 말하는 것이 바람직하다는 점입니다.

지금 문학적 성경 읽기가 대세가 되어 있습니다. 이 문학적 성경 읽기는 문자적 읽기의 문제점을 해결할 수 있는 대안으로 나온 것입니다. 자료비평은 문체나 어휘의 차이를 가지고 문서를 구별하는 문학적 분석을 기본으로 하고 있습니다. 문학에서는 신화적 언어도 우화적 표현도 모두 받아들입니다. 문학적 성경 읽기를 내세우는 사람들은 그러한 언어와 표현을 빌려서 성경의 기록자들이 그들의 신앙을 표현하고 있다고 봅니다. 문자적으로 성경을 읽는 분들은 그런 문학적 표현방법을 외면하는데, 중요한 것은 그런 표현방법을 통해서 전달되는 신앙의 내용입니다. 문학적 표현은 수단이지요. 중요한 것은 내용, 즉 하나님에 대한 신앙입니다. 여기서 분명히 하고 싶은 것은 문학의 형식을 빌렸다고 해서 신앙적 내용이 훼손되지 않는다는 점입니다.

이제 편지를 마치겠습니다. 제 이야기가 목사님의 마음에 들지 않을 줄 압니다만, 요즘 문학적 성경 읽기가 대세라는 사실만은 인정해주시면 합니다. 패러다임의 전환을 언급한 토마스 쿤은 이미 폐기된 패러다임에 매달리는 것은 무의미한 일이라고 말했습니다. 지동설이 나옴으로써 지구중심설이 무의미한 것이 된 때에 지구가 우주의 중심이라고 고집하는 것은 지혜로운 일이 아닙니다. 뉴턴의 역학이 아인슈타인의 일반 상대성 역학으로 대체된 후에 계속 뉴턴의 역학을 지지하는 것은 우매한 일이 아닐 수 없습니다. 문학적 성경 읽기가 문자적 읽기를 대체하는 새로운 패러다임으로 자리매김한 지금 문자적 성경 읽기를 고집하는 것은 현명한 일이 아닙니다. 문학적 안목으로 성경을 읽으면 성경에 담긴 진리가 분명하게 보입니다. 성경에 나타나는 인간에 대한 이해의 지평이 열리기도 합니다. 안녕히 계십시오.

4. 하나님 예수만을 알았던 아이

내 나이 30이 넘도록 나는 예수님을 하나님으로만 생각했다. 주일학교 때부터 모두들 예수님을 하나님의 아들이라고 가르쳐 주었고, 아무도 예수님이 인간이라고는 말하지 않았기 때문이다. 하나님의 아들은 인간이 아니고 하나님이니까 나는 예수님을 하나님이라고 믿었다. 성경에는 다윗의 자손이라고, 목수 요셉의 아들이라고 나와 있는 곳이 있기는 하지만, 예수님의 어머니 마리아는 요셉과 결혼하기 전에 이미 성령으로 아기를 가졌기 때문에 예수님의 아버지는 요셉이 아니고 하나님이다. 요셉은 예수님을 키워준 양아버지이기는 하지만, 진짜 아버지는 하나님이다.

하나님의 아들은 분명히 하나님이다. 사도신경에 보면 "하나님의 외아들 예수 그리스도"라고 되어 있다. 그러니 하나님의 아들 예수님은 하나님이 낳은 하나님이다. 삼위일체를 설명할 때도 예수님을 하나님과 동등한 분이라고 말하지 않는가. 그래서 나는 초등학교 때 같이 주일학교를 다니던 동무들에게 "너희들 예수님의 성이 무엇인 줄 아니?"라고 물어본 일이 있다. 아무도 몰라서 멍한 눈으로 허공을 바라보고 있을 때, 나는 자신 만만하게 말했다. "예수님은 하나님의 아들이니까 하나님의 성대로 하 씨야. 하예수란 말이야." 그 말을 듣더니 동무들은 그렇게 쉬운 것을 미처 몰랐다는 표정을 지으며 말이 된다고 맞장구를 쳤다. "하예수!"

그런 후에 왜 사람들은 예수님을 하예수라고 부르지 않고 예수라고만 부르는지 궁금했다. 가만히 생각해 보니까 우리 집에서 식구들이나 내 주변의 동무들은 모두 나를 재석이라고 부르지 최재석이라고 부르지 않았다. 학교에 가야 선생님이 나를 최재석이라고 불렀다. "그러면 그렇지! 예수님도 학교에 갔을 때는 선생님이 하예수라고 불렀을 거야." 나는 한동안 예수님의 성이 하 씨라고 굳게 믿었다.

그 후 20대에 교회사를 읽으면서 성육신하신 예수님의 인성과 신성에 관해서 여러 가지 설이 있었다는 것을 알게 되었다. 가현설이나 영지주의가 있었는가 하면, 성육신을 인정하는 교부들 사이에서도 상반되는 견해들이 있었고 정치적인 바람까지 불어서 여러 사람들이 이단으로 정죄되었다는 것도 알게 되었다. 알렉산드리아와 안디옥이 신학의 두 거점이었는데, 모두 성육신을 받아들이면서도 알렉산드리아의 교부들은 신성 쪽에 기울었고 안디옥에서는 인성 쪽에 기울었다는 것이다.

그리고 결국 451년 칼케돈 공의회에서 예수님은 진정한 하나님이며 진정한 인간이라는 교리가 확정되었다고 한다. 나는 하예수를 믿고 있었기 때문에 가현설이나 영지주의도 그럴 듯하다는 생각이 들었다. 그것들이 완전히 이단이라면 알렉산드리아 쪽의 주장에 찬동하고 싶었다. 예수님의 아버지는 하나님이지만 인간인 마리아가 낳았으니까. 다시 말하면, 예수님은 신성과 인성을 모두 갖추고 있지만 아버지 쪽에 좀 더 무게를 두는 것이 좋을 것 같았다.

✝ 인간 예수

그런데 어느 날 겟세마네 동산에서 예수님이 기도하신 장면을 읽으면서 나는 깜짝 놀랐다. 예수님이 겟세마네에 이르러서 세 제자를 데리고 가실 때 "심히 놀라시며 슬퍼하사" "내 마음이 매우 고민하여 죽게 되었으니"라고 말씀하시고, "조금 나아가사 땅에 엎드리어 될 수 있는 대로 이때가 자기에게서 지나가기를 구하여. . . 아빠 아버지여 아버지께는 모든 것이 가능하오니 이 잔을 내게서 옮기시옵소서"(막 14:33-36)라고 기도하셨다. 그리고 한 번이 아니라 세 번이나 나가서 간절히 기도하셨다. 누가복음에는 "예수께서 힘쓰고 간절히 기도하시니 땀이 땅에 떨어지는 핏방울 같이 되더라"(22:44)고 기록되어 있었다.

죽음을 앞에 둔 예수님의 고뇌에 찬 이 간절한 기도를 읽으면서 나는 예수님은 나와 다르지 않은 한 인간이라는 생각이 들었다. 내가 전에 이 장면을 읽을 때는 예수님의 고통이 실감 나지 않았다. 실감이 나지 않았다기보다는 이 장면은 없는 것이 좋겠다는 생각이 들었다. 그래서 이 장면이 없는 요한복음을 더 좋아했다. 요한복음에서는 하나님의 아들로서의 예수님을 강조하고 있기 때문이다.

예수님은 이미 제자들에게 당신이 고난 받으실 것과 사흘 만에 다시 사실 것을 세 번이나 예고하셨다. 당신의 사명이 무엇인지를 잘 알고 계셨다는 이야기다. 그리고 겟세마네에서의 기도 바로 앞에 나오는 최후의 만찬에서 제자들에게 당신이 고난당하실 것을 말씀하시면서 함께 드는 빵이 당신의 살이며 포도주가 당신의 피라는 말씀까지 하셨다. 그러고는 바로 다음에 십자가의 고통이 무서워서 심히 놀라고 슬퍼한다든지, 십자가에 달리지 않게 해달라고 기도하는 것은 비겁한 행동이 아닌가. 하나님의 아들이 십자가에 달려야 하는 자신의 사명을 피하려 한다는 것은 하나님의 아들답지 않은 행동이라는 생각이 들었었다.

그런데 이번에 제자들에게 "마음에는 원이로되 육신이 약하도다"라고 하신 말씀을 읽으면서 그 말씀은 마치 나에게 하시는 말씀처럼 여겨졌다. 그리고 당신의 분부대로 깨어서 기도하지 않은 제자들을 책망하지 않고 오히려 그들의 약한 육신을 이해하는 데에 놀랐다. 당신이 고민하여 죽게 된 지경에서 제자들에게 깨어서 기도하라고 한 선생의 당부를 잊고 잠에 취한 제자들에게 역정이 날 만도 하다. 그런데 예수님은 그들을 책망하시기는커녕 그들이 육신이 약해서 선생의 분부를 외면한 것이라고 그들의 행동을 이해하는 태도를 보이신다. 제자들에 대한 이러한 인간적인 이해는 예수님 자신이 당신의 사명을 잘 알면서도 연약한 육신으로 인해서 그 사명을 피하고 싶어 했기 때문에 가능했을 것이 분명하다. 나는 겟세마네에서 기도하는 예수님에게서 연약한 육신을 지닌 한 인간을 보았다.

겟세마네에서 기도하는 예수님을 대하면서 그레이엄 그린의 소설 『권능과 영광』의 주인공이 생각났다. 그 주인공은 공산주의자들이 교회를 박해하는 멕시코에서 신부로서의 사명을 감당하기 위해서 10여 년 동안 박해자들을 피해 다닌다. 그는 그 긴 기간 동안 겪은 육체적 고통으로 인해서 그리고 시시각각 닥쳐오는 죽음의 공포로 인해서 겁쟁이가 되었다. 그러나 그는 가끔 실수하기도 하지만 육체의 연약함을 이겨내면서 자기의 사명을 완수하다가 결국 공산주의자들의 손에 순교 당한다.

당신의 사명 앞에서 전전긍긍하는 예수님은 자기의 책임을 감당하려고 노력하면서도 육체의 고통과 죽음에 대한 두려움에 시달렸던 그 소설의 주인공과 다르지 않았다. 그리고 예수님이 슬퍼서 죽게 되었다고 말하는 장면이, 땅에 얼굴을 대고 비지땀을 흘리며 간절히 기도하는 장면이, 예수님의 겁에 질린 표정이 내 눈 앞에 선명하게 떠올랐다. 예수님도 육체를 지닌 인간이었다. 당신의 사명을 잘 알고 계셨지만 연약한 육체 때문에 십자가의 고통 앞에서 두려워한 인간이었다. 이제는 예수님의 고민을, 예수님의 피땀 흘리며 하신 그 기도를 이해할 수 있었다. 예수님이 십자가의 고난 앞에서 고민한 것은 비겁해서라기보다는 육체를 지닌 인간으로서 피할 수 없는 일이었다는 것을 알게 되었다. 나는 겟세마네에서 육체를 지닌 인간 예수를 만났다.

겟세마네에서 인간 예수를 만난 후 복음서를 읽어보니 전에 보지 못했던 예수님의 인간적인 모습이 여기저기서 눈에 띄었다. 예수님에게도 인간적인 감정이 있었다는 것을 알았다. 겟세마네에서도 슬퍼하시고 고통스러워하셨지만, 유랑하는 무리를 보시고 안타까워하셨고, 병자들을 불쌍히 보시고 그들을 고쳐주셨다. 그리고 예수님이 하나님의 아들임을 강조한 요한복음에서도 나사로가 죽었을 때 다른 사람들과 함께 눈물을 흘리셨다.

그런가 하면 화를 내기도 하셨다. 사람들이 당신을 비난하고 바알세불이 지폈다고, 미쳤다고 당신을 공격할 때는 화가 나서 그들을 저주하셨고, 당신의 복음을 받아들이지 않는 고라신, 벳새다, 가버나움 사람들을 "화 있을진저"라고 저주하셨다. 무화과나무에서 열매를 찾지 못했을 때도 그 나무를 저주하셨고, 외식하는 바리새인들과 서기관들에 대해서도 "화 있을 진저"라고 그들을 저주하셨다. 예수님이 이렇게 여러 번 사람들을 저주하셨다는 것은 정말 의외였다. 예수님은 참 하나님이시며 동시에 참 인간이셨다.

† 인간을 중시하신 예수님

예수님을 하나님으로만 믿던 내가 충격을 받은 것은 예수님이 안식일보다 인간을 중시하신 일이었다. 공관복음서에서 보면 안식일에 예수님이 제자들과 함께 밀밭 사이를 지나가실 때, 배고픈 제자들이 밀 이삭을 잘라 먹었다. 이것을 본 바리새인들은 제자들이 안식일에 해서는 안 되는 일을 한다고 예수님을 공격했다. 그러자 예수님은 다윗이 배고플 때 제사장 외에는 먹어서는 안 되는 진설병을 먹은 사건을 언급하면서 "안식일이 사람을 위하여 있는 것이요 사람이 안식일을 위하여 있는 것이 아니"(막 2:27)라고 말씀하셨다.

예수님은 바로 다음 장면에서 회당에 들어가셔서 안식일에 손 마른 사람을 고치셨다. 여기서도 회당에 모인 사람들이 안식일에 병을 고치는 것은 옳은 일이 아니라고 예수님에게 항의했다. 그 항의를 듣고 예수님은 그들에게 안식일에 양이 우물에 빠졌으면 끌어내지 않겠느냐고 반문하시면서 "사람이 양보다 얼마나 더 귀하냐"(마 12:12)고 말씀하셨다.

당시 유대사회에서 안식일을 지키는 일보다 인간이 더 중요하다고 말하는 것은 가히 혁명적인 선언이다. 그래서 이 일 직후에 바리새인들이 모여서 예수님을 죽이려고 모의했다. 유대인들의 입장에서는 안식일을 거룩하게 지키라는 하나님의 계명을 어기면서 인간을 앞세우는 예수님은 분명히 이단이었다. 예수님은 당신의 언행이 당시 사회에서 얼마나 파격적인 것인지를 잘 알고 계셨을 것이다. 이러한 당시 상황을 염두에 둘 때, 예수님이 안식일보다 인간이 더 중요하다고 선언하신 것은 당신의 목숨을 건 큰 사건이었다.

이 외에도 예수님은 유대인들에게 충격을 줄 만한 말씀을 하셨다. 예수님은 당시 유대인들이 이방인으로 취급해서 상종하지 않았던, 달리 말해서, 사람으로 취급하지 않았던 사마리아인들을 이웃으로 대해야 한다고 말씀하신 것이다. 선한 사마리아인의 비유에서 사마리아인이 강도 만난 사람을 구해주었을 때 그 사마리아인이 바로 유대인의 이웃이라고 하셨다. 예수님은 우물가에서 사마리아 여인을 만나 그녀에게 복음을 전하시고, 유대인들이 들어가지 않는 사마리아인들의 마을에서 제자들과 함께 하룻밤을 머물기도 하셨다. 예수님이 그렇게 하신 것은 하나님은 유대인들과 마찬가지로 사마리아인들도 사랑하신다는 것을, 그들도 하나님이 창조하신 인간이라고 믿으셨기 때문이었을 것이다.

예수님은 사마리아인들 외에도 인간 취급을 받지 못하던 소외된 사람들을 인간으로 인정하시고 그들의 친구가 되어 주셨다. 사회에서 격리된 나환자들을 불쌍히 여기셨을 뿐 아니라 사람들이 멸시하는 세리의 집을 방문하여 그의 친구가 되어 주셨다. 그리고 사람의 수에 들지 못하는 어린아이들과 여인들을 귀히 여기셨다. 여기서 예수님의 인간 사랑을 보게 된다.

예수님은 낮은 데로 나아가서 소외되고 고통 받는 사람들을 돕고 그들의 이웃이 되라고 말씀하셨고 몸소 모범을 보여주셨다. 그리고 하나님을 사랑하고 이웃을 내 몸과 같이 사랑하라고 가르치셨다. 그리스도교를 사랑의 종교라고 말하는 것은 그리스도의 복음이 귀천을 가리지 않고 모든 사람을 사랑하는 것에, 특별히 소외된 사람들을 사랑하는 것에 역점을 두고 있기 때문이다. 특별히 그리스도교 신학은 예수님이 죄인들을 위해 오셨고 죄인들을 위해 죽으셨다는 사실에 기초하고 있다. 예수님은 고통 받는 사람들, 죄인들을 사랑하셨다.

예수님은 귀천과 선악을 가리지 않고 인간을 사랑하셨을 뿐 아니라,

"모든 족속"(눅 24:47)이 구원받을 대상이라고 선포하셨다. 당시 유대인들은 납득할 수 없는 일이었겠지만, 인간을 귀하게 여기신 예수님이 유대인에게 뿐 아니라 "사마리아와 땅 끝까지 이르러 내 증인이 되리라"(행 1:8)고 말씀하신 것은 자연스러운 일이다. 한 마디로, 예수님은 모든 인간을 사랑하셨고 우리에게 인간은 모두가 귀한 존재라는 사실을 가르쳐주셨다.

† 천국 문을 여는 인간관계

인간을 귀하게 여기신 예수님의 인간 사랑을 묵상하면서 내가 더욱 놀란 것은 예수님이 우리의 인간에 대한 관계를 하나님과의 관계와 연관시키고 있다는 사실이었다. 먼저 주기도문에서 보면 "우리가 우리에게 죄 지은 자를 사하여 준 것 같이 우리 죄를 사하여 주시옵고"라고 기도하라고 가르치셨다. 여기서 내 주목을 끈 것은 우리 이웃을 용서해주어야만 하나님께 우리의 죄를 용서해 달라고 기도할 수 있다는 사실이다. 달리 말하면, 이웃을 용서해주지 않고 우리의 죄를 용서해 달라고 기도하면 그 기도를 들어주시지 않는다는 말이다.

마태복음에서는 주기도문에 바로 이어서 이 사실을 강조하고 있다. "너희가 사람의 잘못을 용서하면 너희 하늘 아버지께서도 너희 잘못을 용서하시려니와 너희가 사람의 잘못을 용서하지 아니하면 너희 아버지께서도 너희 잘못을 용서하지 아니하시리라"(6:14-15) 예수님의 가르침에 따르면 인간관계가 바로 서지 못할 때, 하나님과의 관계도 바로 서지 못한다. 인간관계가 우선이다.

마태복음 5장에서는 형제에게 노하면 심판을 받고, 형제에게 욕하면 공회에 잡혀가게 되고, 미련한 놈이라고 하면 지옥 불에 던져진다고 말씀하셨다. 예수님은 이만큼 이웃과의 관계를 중시하셨다. 바로 다음 구절에서는 예물을 제단에 드리러 가다가 형제에게 원망들을 만한 일이 생각나면 "예물을 제단 앞에 두고 먼저 가서 형제와 화목하고 그 후에 와서 예물을 드리라"(마 5:24)고 말씀하셨다. 여기서 형제와의 관계는 하나님과의 관계의 전제조건이다.

마태복음 25장에 가면 심판날의 비유 이야기를 통해서 예수님은 우리의 인간관계가 바로 하나님과의 관계와 다르지 않다는 놀라운 복음을 선포하셨다. 임금이 모든 민족을 앞에 모으고 그들을 오른 편과 왼 편에 갈라놓는다. 오른 편의 의인들에게 임금님은 예비된 나라를 상속받으라고 하면서, "너희가 여기 내 형제 중에 지극히 작은 자 하나에게 한 것이 곧 내게 한 것이니라"고 말한다. 그리고 왼 편에 있는 사람들에게는 영원한 불에 들어가라고 명하면서, "이 지극히 작은 자 하나에게 하지 아니한 것이 곧 내게 하지 아니한 것이니라"고 말한다. 왼 편에 있는 사람들은 자기들이 임금을 위해서 온갖 노력을 다 했다고 항변하지만 그 노력은 인정받지 못한다.

우리는 여기서 인간에 대한 사랑이 하나님 사랑으로 직결되는 것을 발견한다. 달리 말하면, 예수님이 선포하신 인간에 대한 이해는 천국복음의 전제조건이다. 우리는 보통 예수님이 천국복음을 전하러 오셨다는 데에 치중하면서 그 천국복음의 중심에 인간에 대한 복음이 자리하고 있다는 것을 간과한다. 그런데 문학은 인간에 대한 이해를 부단히 확대하기 때문에, 예수님의 인간에 대한 복음을 이해하고 그 중요성을 받아들이는 데에 문학적 안목이 도움을 준다.

문학을 불신한 교부들은 천국복음에 치중하면서 인간복음을 소홀히 했다. 이러한 경향은 신 중심적인 중세의 암흑기에는 물론이고, 인간의 자유의지를 인정하지 않고 인간은 전적으로 타락한, 무능한 존재라고 본 개혁자들에게서도 변하지 않았다. 이제 우리는 그러한 오류를 범해서는 안 된다. 인간이 그렇게 무가치한 존재라면 왜 하나님은 인간을 사랑하셨고 당신의 아들을 인간의 몸을 입혀서 세상에 보냈겠는가? 왜 예수님은 인간을 위해서 자신을 희생하셨겠는가? 예수님은 인간을 위해서 종의 몸을 취하셨다. 단적으로 말해서, 신약의 하나님은 인간을 위한 하나님이다.

지금까지 이 장에서는 오랫동안 문학을 외면했던 교회가 문학을 적극적으로 받아들여서 지금 문학적 성경 읽기의 시대가 열렸다는 것을 이야기하면서 성경이 문학의 형식을 빌려서 기록되었다는 것, 문자적 성경 읽기의 문제점, 예수님의 복음 가운데에 나타난 인간에 대한 이해를 이야기했다. 축자영감설을 주장하고 성경의 무오설을 강조했던 교회는 성경을 자세히 분석하는 학자들의 주장 앞에서 더 이상 옛 주장을 고집할 수 없게 되었다. 3천여 년 전이나 2천 년 전에 기록된 옛날 언어를 문자적으로 받아들이면 현대인이 납득할 수 없는 것들을 만나게 된다. 그리고 성경은 과학적인 글도, 역사적 사실을 있는 그대로 기록한 글도 아니다. 하나님에 대한 믿음을 그 당시의 언어로 기록한 글이다. 그래서 성경을 신화적 언어나 은유적 언어라고, 문학적 표현과 형식을 빌려서 기록된 글이라고 말한다. 그리고 문학적 안목으로 성경을 읽으면 천국복음의 그늘에 가려 있던 인간에 대한 이해가 선명하게 모습을 드러낸다. 문명이 고도로 발달한 이 시대에 우리가 옛날의 교통수단을 버리고 자동차를 타듯이 문제가 많은 옛것을 버리고 문학을 활용해서 성경을 올바로 이해해야 한다.

제 5 장

이제 마음을 열자

개혁자들의 신학에 의지하는 한국교회는 전근대적인 세계 안에 갇혀 있다. 몇 천 년 전에 기록된 성경을 문자적으로 이해하면서 그 옛날의 기록과 맞지 않는 새로운 사상이나 과학적 지식을 외면하려고 한다. 지금 한국교회는 마음을 닫고서 여성을 소외시키고 과학도 외면한다. 예수님도 개혁자들도 시대를 앞서 가는 진보주의자들이었다는 점을 감안하면 이러한 한국교회의 보수성에는 문제가 있다. 현대의 문화를 호흡하고 현대과학의 혜택을 받으며 사는 사람들이 현대의 문화나 과학을 외면한다면 그것은 자가당착이다.

가톨릭교회는 1965년의 제2차 바티칸공의회 이후 진보적인 자세를 취하고 있는데, 한국의 개신교회는 그러한 기미를 보이지 않는다. 현대의 언어를 사용하는 사람들에게 전근대적인 언어로 말하면 그들은 우리를 외면할 것이다. 서양의 교회가 문을 닫아가는 것은 사람들이 교회의 언어를 받아들이지 않기 때문이다. 이것은 곧 우리에게도 닥칠 일이다. 예수님은 현대의 인문학자들이 강조하는 열린 마음을 2천 년 전에 실천하신 진취적인 분이었다. 이제 우리도 예수님을 따라서 마음을 열어야 한다. 이것만이 한국교회가 살아남는 길이다.

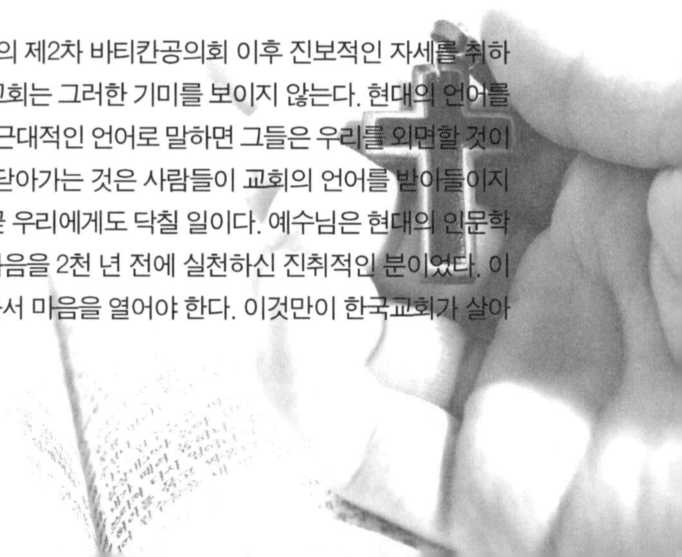

1. 예수님의 열린 마음

20세기 말에 '열린'이라는 말이 널리 퍼졌다. 열린 경영, 열린 학교, 열린 음악회, 열린 예배 등 경제, 교육, 예술, 종교 각 분야에서 열림의 운동이 일어났다. 독단적이고 전제적인 이데올로기를 강요하는 체제가 비판을 받으면서 권위주의 타파, 성역 타파, 구제도의 탈피 등 열린 사회를 향한 움직임이 활발히 진행되어 왔다. 한국에서 근래에 일어난 열림의 운동 가운데 한 가지 예를 든다면 남성중심 사회를 비판하면서 여성의 권익을 옹호하려는 여권운동이다. 남성중심의 전통을 옹호하는 유림에서는 많이 반대했지만, 결국 여성호주제가 법제화했고, 여성 총리, 여성 대통령이 나왔다. 암탉이 울면 집안이 망한다는 남성중심 사고가 무너지고 여성의 사회 진출이 아주 활발해졌다. 교회에도 젊은이들을 위한 열린 예배가 도입되었고, 장로석이 점차 사라져가고 있다.

이렇게 이것과 저것을 구분하는 담을 허물거나 기존의 체제나 가치관의 틀을 벗어나서 열린 마음으로 대화하고 소통하려는 열린 사회가 자리잡아가고 있다. 이렇게 열린 사회가 자리잡아가게 된 데에는 열림을 내세운 인문주의자들의 영향이 컸다.

† 인문학자들과 열린 마음

플라톤은 『파르메니데스』에서 이데아를 영원하고 본질적인 원형이라고 그리고 감각세계를 이데아의 모방이라고 말했다. 그는 또한 영혼과 육체를 대비시키면서 영혼을 육체와 결합하기 전에 이데아들과 친숙한 관계를 가졌던 영원한 것으로, 육체를 일시적인 것으로 보았다. 이렇게 대립되는 두 가지를 구분하면서 하나를 우월한 것으로 다른 하나를 열등한 것으로 보는 사고방식을 이분법적 사고라고 말한다.

우리는 보통 하늘과 땅, 영혼과 육체, 성과 속, 선과 악, 서양과 동양, 남자와 여자, 왕과 백성, 선민과 이방인, 백인과 유색인 등을 구별하면서 앞선 것을 우월한 것으로 뒤의 것을 열등한 것으로 생각해 왔다. 이러한 이분법적 사고는 플라톤의 시대부터 20세기 중반까지 오랫동안 지속되어 왔고 그 잔재는 지금도 남아 있다. 이분법적 사고의 문제점은 대립되는 두 가지 사이에 경계선을 긋고 두 가지의 우열을 정해 놓는다는 점이다. 특히 대립되는 것이 남자와 여자, 선민과 이방인, 백인과 유색인같이 인간인 경우에는 우월한 측이 열등한 측을 배제하거나 적대시하거나 지배한다.

이분법적 사고의 문제점을 누구보다 앞서서 문제 삼은 사람들은 여성주의자들이다. 여성주의자들은 남성과 여성을 차별하는 사회에서 그 부당성을 지적하며 목소리를 높였다. 여성주의자들은 울스턴크라프트의 『여권의 옹호』(1792)에서 영향을 받아 1890년에서 1920년 사이 미국과 영국에서 참정권 운동을 벌였다. 그들은 여성의 선거권뿐 아니라 교육권, 출산권, 노동권 등을 주장하며 남성과의 평등을 주장했다. 이러한 여성운동의 결과 오랫동안 인간으로 대접을 받지 못하던 여성이 21세기에 와서 호주가 되고 대통령이 되었다.

여성주의자들 다음으로 이분법적 사고를 문제 삼은 인문학자로 러시아의 바흐친을 들 수 있다. 바흐친은 『도스토예프스키 창작의 제 문제』(1929)에서 대화주의를 제창했다. 그는 언어를 독백적 언어와 대화적 언어로 구별했는데, 스탈린 치하에서 박해를 받은 그는 전체주의적 국가의 언어를 대표적인 독백적 언어로 규정하고 언어 주체들 사이의 자유로운 상호작용이 가능한 언어를 대화적 언어라고 말했다. 대화적 언어에서는 상호 소통과 조정의 역동적 관계를 형성한다. 따라서 대화적 관계는 '이것이냐 저것이냐'(either/or)의 선택적 관계가 아니라 '이것과 저것 모두'(both/and)를 취하는 양면수용의 관계다. 우월한 것과 열등한 것의 구별 없이 상호 포용하는 대화적 관계에서는 전통적인 이분법적 사고가 와해된다.

20세기 중반부터 '열린 사회'라는 말이 일반화했는데, 프랑스의 철학자 베르그송이 『도덕과 종교의 두 원천』(1932)에서 사용한 이 말을 포퍼가 『열린 사회와 그 적들』(1945)에서 재검토했다. 베르그송은 열린 사회란 다른 것을 배척하지 않고 개개인의 혼이 사랑의 비약에 의해 열려지는 사회라고 말했다. 그리고 포퍼는 열린 사회를 개인적이거나 사회적인 권위나 진리의 오류의 가능성을 자각하면서 보다 좋은 사회를 추구하고 제도에 대해서 끊임없이 비판적인 수정을 가하는 사회라고 규정했다. 바흐친 식으로 말한다면, 열린 사회는 대화적 언어가 통용되는 사회다.

이 두 철학자가 말한 '열린 사회'는 열린 시대를 열었다. 20세기 후반에 와서 열린 마음, 열린 교육, 열린 마당, 열린 음악회 등의 말이 나왔다. 교회에서는 열린 예배를 도입하기도 했다. 이때 '열린'이라는 말은 금기시 되었던 것이 허용되거나 이것과 저것 사이에 닫혀 있던 문을 열

때 사용되었다. 예를 들면, 남성과 여성이 옛날의 차별을 벗어나서 대등한 대우를 받을 수 있는 사회를 향해 나아가고 있다. 그리고 상위 장르인 가곡과 하위 장르인 대중가요가 열린 음악회에서 같은 무대에 오르고 있다.

미국의 종교학자 엘리아데는 『성과 속』(1957)에서 성과 속의 변증법을 내세웠다. 여기서 변증법이라는 말은 그가 한편으로 성과 속의 상반성을 주장하고, 다른 한편으로는 밀접한 상호연관성을 주장하기 때문에 붙여졌다. 엘리아데는 성스러움은 그 자체로 나타나지 않고 항상 속된 세계와 더불어 나타나고, 성스러움이 드러나기 위해서는 속의 세계를 요청하지 않을 수 없다고 말했다. 상반된 것 혹은 전혀 다른 것이 동시에 존재하는 경우를 그는 '상반성의 합일'이라고 불렀다. 이렇게 성과 속이 함께 나타난다고 볼 때, 성과 속 사이의 장벽은 무너진다. 엘리아데가 말하는 성과 속의 관계는 대화적 관계며 열린 관계다.

미국의 인문학자 사이드는 『오리엔탈리즘』(1978)에서 서구인들이 동양을 측량하고 분류하며 기록한다는 것 자체가 하나의 권력이고 지배의 상징이라고 주장했다. 그들은 서양을 남성적인, 이성적인, 능동적인, 강한 것으로, 동양을 여성적인, 감정적인, 수동적인, 나약한 것으로 구분했다. 그리고 그들은 백인 우월주의를 내세우면서 유색인종의 세계를 정복하고 탈취할 수 있는 대상으로 삼아 식민지화했다. 사이드는 이러한 불합리한 차별과 폭력, 강제적인 권력의 행사와 그것을 통한 지배적 사고의 형성을 날카롭게 비판했다.

여성주의자들로부터 사이드에 이르기까지, 인문학자들은 오랫동안 서구인들의 의식을 지배하고 있던 이분법적 사고의 문제점을 지적했다. 그들은 한결같이 대립된 두 가지 가운데서 하나를 우월한 것 다른 하나를 열등한 것으로 간주하는 사고에 반대하면서 그 두 가지에 동등한 가치를 부여해야 한다고 주장했다. 이것과 저것 사이에서 하나를 택하여 그것을 중시하는 것이 아니고 두 가지를 모두 택하는 양면수용의 자세를 중시했다. 그런데 예수님은 열림을 강조하는 인문주의자들에 앞서서 2천 년 전에 열림을 가르치시고 몸소 실천하셨다.

† 예수님의 열린 복음

과거의 인간 사회는 닫혀 있었다. 그 닫힌 사회의 주민들은 자신들의 신념 체계와 다른 것을 거부했고 자기중심주의적이어서 외부의 세력을 위협으로 간주했다. 그래서 자신들의 신념과 다른 것을 주장하는 사람들이나 다른 민족들과는 담을 쌓고 대립했다. 그리고 한 사회 안에서도 신분을 구분하여 소통하지 않았다. 이러한 닫힌 사회에서는 분쟁과 대립이 빈번했고 갈등과 증오가 널리 퍼져 있었다. 우리는 자신들의 신념을 고수하려는 마음이 닫힌 독단적인 사람들의 예를 파시스트나 공산주의자들에게서 쉽게 찾아볼 수 있다. 선민의식을 지닌 유대인들은 자기 민족을 지키기 위해서 이방인들과 끊임없이 전쟁을 벌였다.

교회 역시 닫힌 집단이었다. 중세 교회에서 교황뿐 아니라 모든 사제들은 특권층이었고 일반인들은 무조건 그들을 추종했다. 그래서 사제들과 일반인 사이에는 높은 담이 세워져 있었다. 그리고 교회는 신앙적 신념체계로 무장된 집단이어서 종교적 신념을 달리하는 사람들에 대해서 극단적으로 배타적이었기 때문에 종교전쟁이 일어났다. 종교개혁 이후에는 교리의 차이로 인해서 구교와 신교 사이에 쟁투가 발생하면서 이단 사냥이 벌어지고 참혹한 유혈극이 일어났다.

그러나 예수님이 전파한 복음의 중심에는 열린 마음이 자리하고 있다. 예수님은 전통을 중시하는 유대교의 율법주의적 신앙을 비판하면서 하나님과 인간 사이, 인간과 인간 사이를 열어 놓으려는 열림의 운동을 벌였다. 예수님은 하나님의 아들, 즉 신이었지만 인간의 몸으로 세상에 오셔서 하나님과 인간의 소통을 체현하셨다. 예수님은 하나님이 인간을 사랑하신다는 것을 몸소 보여주심으로써, 하나님은 두려워할 존재가 아니라 아버지나 어머니 같이 가까이 할 수 있는 존재임을 알려주셨다. 인간을 사랑하는 것이 바로 하나님을 사랑하는 길임을 제시하셨을 때 하나님에게 이르는 길이 활짝 열렸다. 이렇게 예수님은 하나님과 인간 사이의 높은 담을 낮추어주셨다.

그리고 인간과 인간 사이에 닫혔던 문을 열어야 한다고 가르치셨다. 예수님은 서로 사랑하라는 새로운 계명을 우리에게 주셨는데, 형제의 허물을 용서하고 관용을 베푸는 것이 사랑의 시작이다. 예수님이 가르치신 사랑은 원수를 사랑하는 데까지 나아가는 사랑이다. 예수님이 인도하시는 하나님의 나라에는 권위의식이나 독선적 태도가 자리 잡을 수 없다. 권위의식을 지닌 사람은 상대를 멸시하거나 미워하게 되고, 상대를 멸시할 때 그 사람을 이해할 수 없다. 그리고 상대를 이해하지 못하고는 그 사람을 사랑할 수 없기 때문에, 예수님은 겸손을 가르치셨고 몸소 겸손의 모범을 보여주셨다. 한 마디로, 예수님이 선포하신 하나님의 나라는 마음이 열린 사람들이 모여 사는 곳이다.

인간의 몸을 입고 세상에 오신 예수님은 하나님과 인간 사이의 중보자가 되셨다. 예수님이 오시기 전에 성스러운 하나님과 속된 인간은 자유롭게 소통할 수 없었다. 인간은 거룩하신 하나님의 이름을 부를 수조차 없었고 일반인들은 하나님 앞에 직접 나아갈 수도 없었다. 그런데 하나님의 아들이 인간의 몸을 입고 오셔서 하나님과 인간 사이에 건널 수 있는 다리를 놓아 주셨을 때, 우리가 신의 아들의 친구가 되고 제자가 되고, 나아가서 예수님의 아버지가 우리의 아버지가 되셨다. 하나님이 당신의 아들을 인간의 몸을 입혀서 세상에 보내셨다는 복음은 하나님과 인간 사이에 막혔던 문이 열리게 된 열림의 복음이다. 이 열림은 인간이 노력해서 이룬 것이 아니고 하나님이 원하셔서 인간을 위해 이루어 주신 것이다. 그리고 우리에게 오신 예수님은 이 열림의 메신저다.

인간으로 오신 하나님의 아들은 권위를 버리신 분이다. 높은 자리를 버리고 낮은 곳에 임하셨기 때문이다. 높은 자리에 앉기를 좋아하는 바리새인들을 비판하신 예수님은 세리와 바리새인의 비유를 통해서 바리새인의 오만을 지적하시고 세리의 겸손을 칭찬하셨다. 그리고 오만한 바리새인이 지녔던 세리에 대한 멸시를 지적하셨다. 바리새인처럼 자기를 높이고 남을 멸시할 때 소통이 이루어질 수 없다. 하늘의 천사도 오만해질 때 타락해서 사탄이 되었다는 것은 오만이 얼마나 위험한 것인가를 말해준다. 예수님은 당신 자신이 제자들의 발을 씻어주시면서 겸손의 본을 보여주셨다.

예수님은 소외된 사람들에게 마음을 여셨다. 유대인들은 선민의식에 사로잡혀서 이방인들을 멸시하고 인간으로 취급하지 않았다. 그러나 예수님은 유대인들이 상종하지 않던 사마리아인들에게 말을 걸고 전도하시고 착한 사마리아인의 비유에서는 사마리아인을 유대교의 지도자들이 외면하는 선을 행할 수 있는 사람으로 내세우셨다. 나아가서 예루살렘과 사마리아와 땅 끝까지 온 세상에 다니며 복음을 전파하라고 명령하심으로써 유대인들뿐 아니라 모든 인간이 구원받을 대상이라는 것을 선포하셨다.

그리고 사회에서 완전히 격리된 환자들을 불쌍히 여기시고 죄인으로 취급받는 세리들의 친구가 되셨다. 소외된 사람들에 대해서 마음을 닫고 있던 유대인들은 예수님을 죄인들의 친구라고 빈정댔지만, 예수님은 당당하게 버림받은 사람들을 구하러 오셨다고 응대하셨다. 여인들과 어린아이들을 사람의 수에 넣지 않는 당시 유대 사회에서, 예수님은 여인들의 선행과 믿음을 칭찬하시고 어린아이들이 당신에게 오는 것을 막지 않으셨다. 나아가서 아이들처럼 겸손하지 않으면 천국에 갈 수 없다고, 그들의 겸손을 닮아야 한다고 가르치셨다. 이와 같이 당대의 사람들에게 외면당하던 사람들에게 다가가서 그들을 영적으로, 육체적으로 구원해 주신 예수님은 열린 마음의 소유자였다.

하나님의 아들이 인간의 몸을 입고 이 세상에 오신 것은 이 용서의 행위를 통하여 인간이 하나님에게 다가가는 길을 막아놓고 있던 죄의 문을 열기 위한 것이었다. 몇 번이나 용서하면 되느냐는 질문을 받고 예수님은 일곱 번씩 일흔 번이라도 용서하라고 대답하셨다. 이것은 무한한 용서를 말한다. 예수님이 가르치신 무한한 용서와 당신의 목숨을 바쳐 인간을 용서하신 예수님의 용서에 주목하는 사람들은 하나님을 용서하시는, 자비로운 하나님으로 믿는다. 이웃을 용서하면 하나님도 우리를 용서하신다고 말씀하셨으니, 그리스도교에서는 이렇게 용서를 통해서 인간과 인간, 하나님과 인간 사이가 열린다.

예수님이 새 계명으로 주신 사랑은 용서를 좀 더 폭 넓게, 적극적으로 실현하는 방법이다. 내가 이웃을 사랑하는 것은 나와 이웃 사이에 막힌 것이 전혀 없는 상태에서 가능하다. 형제가 가진 것이 부러워서 샘이 날 때, 사촌이 잘 되는 것이 배 아플 때 우리와 그들 사이는 막히게 되고 그들을 사랑할 수 없게 된다. 내가 상대에게 열등감을 느낄 때 그리고 내가 우월감을 느낄 때도 그 열등감이나 우월감이 나와 상대 사이를 가로막아서 상대를 사랑하지 못한다. 더구나 내가 상대를 미워할 때, 내가 상대를 용서하지 못할 때 사랑은 전혀 불가능하다. 그래서 예수님은 이웃을 미워하지 말라고, 이웃을 용서하라고 가르치셨다.

하나님이 세상을 몹시 사랑하셔서 독생자를 보내셨다는 말씀은 하나님이 당신과 인간 사이에 막힌 담을 제거하시기로 마음먹었다는 것을 의미한다. 당신이 먼저 인간을 사랑하셨다고 말씀하시면서, 예수님은 당신이 인간을 사랑하신 것처럼 서로 사랑하라고 가르치셨다. 너희가 서로 사랑하면 너희가 내 제자인 것을 알 것이라고 말씀하신 데서도 예수님이 먼저 사랑의 모범을 보이신 것을 알 수 있다. 그리고 용서에서와 마찬가지로 우리가 서로 사랑하면 하나님도 우리를 사랑하신다고 말씀하셨다. 결국 사랑은 우주적인 순환운동이다. 우리를 사랑하신 하나님의 사랑을 본받아 우리가 서로 사랑하면 하나님이 우리를 더욱 사랑하신다. 예수님이 가르치신 사랑은 원수를 용서하는 사랑이고, 이방인을 포용하는 사랑이고, 죄인을 품는 사랑이다. 이러한 사랑은 모든 인간과 인간 사이의 담을 허문다.

† 마치면서

예수님 당시에는 동서양을 막론하고 오랫동안 닫힌 정치제도가 인간사회를 지배하고 있었다. 인간 평등이 강조되는 민주주의 시대에 와서야 사람들의 마음이 열리기 시작했다. 예수님이 전제주의 국가의 닫힌 사회, 닫힌 종교가 지배한 사회의 중심에 서서 열린 사회, 열린 마음을 선포하시고 열린 삶의 모범을 보여주신 것은 정말 놀라운 일이다. 21세기 초에 와서야 우리 사회에 열린 마음이 점차 정착되어 가고 있는 것을 생각하면, 예수님의 선견지명에 놀라지 않을 수 없다.

예수님은 이미 2천 년 전에 마음을 열어야 한다고 가르치셨다. 따라서 예수님의 제자들은 인문주의자들이 주장하는 열린 사회를 따라가려하기보다는 예수님의 가르침과 삶을 본받아 앞장서서 닫힌 사회를 열어가야 한다. 그런데 실상 교회는 사회를 따라가지도 못하는 형편이다. 참으로 안타까운 일이다. 그리고 열린 마음을 지닌 사람은 현재의 사회에 대해서 그리고 미래를 향해서 열려 있어야 한다. 현재의 사회에 대해서 열려 있어야 한다는 것은 사회를 답습해야 한다는 말이 아니고 현대 사회의 변화를 파악하면서 그 사회를 이끌어가야 한다는 말이다.

개인주의를 바탕으로 하는 민주사회는 개인의 안전, 이익, 행복에 최고의 가치를 둔다. 그래서 현대인은 국가권력의 절대성을 부인하고 국민에게는 사상, 언론, 집회, 결사 등의 자유가 허용되어야 한다고 믿는다. 그리고 독단적이고 전제적인 이데올로기를 강요하는 체제를 불신하고 모든 지식과 이론에 대한 비판이 가능한 사회를 원한다. 개인의 사적 생활이 보장되는 사회, 삶의 다양성이 인정되는 사회를 요구한다. 교회의 지도자들은 세상을 향해 마음을 열어 놓고 이러한 현대인의 의식과 요구를 파악하기 위해서 노력하고, 변화하는 시대를 분별할 수 있는 안목을 갖추어야 한다.

많은 목회자들이 세상과 담을 쌓고 교회가 마치 사회 밖에 있는 것처럼 생각한다. 이것은 중대한 착각이다. 그래서 현대인의 의식이나 사회의 변화에 대해서 말하면 그리고 그러한 변화에 관심을 표명하는 신학자들에 관한 이야기가 나오면, 그것이 자신들과는 아무 상관이 없는 것처럼 생각하거나 알레르기 반응을 보이는 수가 많다. 그러나 교회는 세상 안에서 호흡하는 사람들이 모인 곳이다. 과거에 전제주의적 닫힌 사회 안에서 교회가 닫혀 있었던 것은 인간이 보기에 큰 문제가 안 되었다. 그 사회에 그 교회였으니까. 그러나 열린 사회가 정착되어 가는, 사회가 열린 마음을 요구하는 지금, 교회가 계속 마음을 닫고 사회에 역행한다면 열린 사회에 사는 사람들이 교회를 등지게 될 것이다. 예수님의 열린 마음을 본받는 사람이 예수님의 참 제자다. 예수님의 열린 마음을 본받으려고 하는 사람은 배타적이어서는 안 된다.

2. 아직도 배타적인가?

오랫동안 알고 지내던 호주의 할머니가 교회에 나가지 않기에 종교가 있느냐고 물은 일이 있다. 그랬더니 그분은 정색을 하고 "나를 미개인으로 아느냐?"고 반문하면서 자기의 종교는 그리스도교라고 대답했다. 아이퍼 에반스는 그의 영문학사 책의 첫머리에서 스칸디나비아 반도에서 남하하여 영국에 정착한 미개한 앵글로 색슨 족이 그리스도교를 받아들임으로써 문명화했다고 언급하고 있다. 이렇게 종교적 신앙은 미개인을 개화시키는 역할을 해 왔다.

그러나 종교는 인간을 야수로 만들기도 한다. 요즘 IS에 의해서 자행되고 있는 만행이 그것을 여실히 보여주고 있다. 그들은 알라의 이름으로 테러를 일삼고 전쟁을 일으켜서 많은 사람을 살상하고 있다. 일본인 인질들을 참수하고, 요르단 비행사를 불태워 죽이고, 이집트 그리스도인들을 목 베어 죽이고, 자살 폭탄 테러를 계속 감행한다. 그런 짓을 하는 사람들은 사람이라기보다는 야수로 보인다. 현대의 문명국가에서는 인간의 생명을 존중해서 사형집행을 자제하고 있다. 우리나라도 그런 나라들 중의 하나다. 이렇게 인간의 생명을 존중하는 21세기에 신의 이름으로 자행되는 만행은 소름끼치는 일이다. 그래서 세계의 언론계에서는 IS의 만행을 규탄하고 그들을 응징하는 일에 여러 나라가 동참하겠다고 나서고 있다.

† 종교 전쟁

과거에 그리스도인들 역시 하나님의 이름으로 치열한 종교 전쟁을 일으켰다. 그 대표적인 것이 11세기 말에서 13세기 말까지 200년에 걸쳐서 일어난 십자군 전쟁이었다. 무슬림들이 예루살렘을 정복하자 그 성을 탈환하려는 그리스도인들의 성전은 8회에 걸쳐서 시도되었고, 이 전쟁을 통해서 수십만 명의 그리스도인과 무슬림이 목숨을 잃었다. 이 종교 전쟁은 문명인들의 행위라기보다는 야수들의 혈투였다. 1차 원정에서 예루살렘을 탈환한 그리스도인들은 그 성 안에 있던 3만 명 이상의 무슬림과 유대인을 하나도 남기지 않고 무참하게 죽였다. 그 후 7회에 걸친 십자군 원정에서 남자는 물론 여자와 어린아이들까지 포함해서 많은 사람이 죽었고 무자비한 살상이 자행되었다.

그리고 종교개혁이 일어나면서 16세기 내내 영국을 비롯한 유럽 땅에서 개신교도들과 가톨릭교도들 사이의 전쟁이 뜨겁게 불타올랐다. 루터의 영향을 받은 독일의 기사들이 가톨릭교도들을 공격한 1522년의 '기사 전쟁,' 1524년에서 1525년 사이에 루터의 영향으로 일어난 '독일 농민 전쟁,' 1531년 스위스에서 츠빙글리파 개신교도들과 가톨릭교도들이 치열하게 싸운 '카펠 전투,' 1546년에서 1547년까지 독일 개신교파와 가톨릭이 싸운 '슈말칼덴 전쟁,' 1562년에서 1598년까지 프랑스의 '위그노 전쟁' 등이 일어났다. 이러한 대대적인 싸움 외에도 왕이 바뀔 때마다 왕이 신구 어느 쪽을 지지하느냐에 따라서 왕의 반대쪽에 속한 교도들이 돌아가면서 박해를 받아 무참하게 희생되었다.

이러한 16세기의 개신교와 가톨릭 사이의 전쟁은 17세기의 30년 전쟁으로 이어졌다. 1615년에 시작해서 1648년까지 4차에 걸쳐서 일어난 30년 전쟁 동안 유럽 전역에서 일어난 신구교 사이의 전쟁으로 인해서 유럽 대륙이 피바다가 되었다. 1차에는 보헤미아와 오스트리아 사이에서, 2차에는 독일과 네덜란드 사이에서, 3차에는 스웨덴과 독일 사이에서, 4차에는 프랑스, 독일, 스페인, 스웨덴이 참여한 신구교 사이에서 유혈 전쟁이 참혹하게 일어났다. 이렇게 종교는 인간을 개화시켰다기보다는 야수로 만들고 말았다.

그 후 유럽대륙에서는 종교 전쟁이 잠잠해졌지만, 종교로 인한 만행이 완전히 그친 것은 아니었다. 19세기 미국의 소설가 호손은 그의 대표작 『주홍글자』에서 박해를 피해서 미국에 건너간 청교도들이 신의 이름으로 저지른 만행을 언급하고 있다. 절대 예정론으로 무장한 청교도들은 마녀사냥을 하면서 마녀들을 마차에 묶어서 길바닥에 끌고 다니거나 불태워 죽였다. 그리고 청교도의 후예인 미국의 개척자들은 토착민들을 마귀의 자식들이라고 믿고 무자비하게 살해하기도 했다. 호주의 경우에는 문명화한 그리스도인들이 타스마니아 섬에 사는 원주민들을 하나도 남기지 않고 살해했다. 용서, 사랑, 화평을 강조하는 하나님의 이름으로 이러한 만행을 저지른 그들은 착각에 빠져 있었다. 그들을 문명인이라고 부를 수 있을까?

이러한 무자비한 살해는 십자군 전쟁 이후에만 있었던 것이 아니다. 그러한 일은 여호수아의 인도 아래 이루어진 가나안 정복 전쟁에서도 일어났다. 여호수아의 지도를 받은 이스라엘 민족은 가나안에 입성하기 위해서 31명의 왕을 죽였다. 그것은 31부족을 정복했다는 말이다. 여호수아의 군대는 정복하는 성읍마다 재산을 몰수하고 불태우고 그 성안에 있는 사람들을 하나도 남기지 않고 어린아이들까지 칼로 쳐서 죽였다. 임금들을 죽여서는 시체를 나무에 매달아 놓기가 일쑤였다. 이 끔찍한 만행은 여호와의 도움을 받아 자행된 것이라고 기록되어 있다.

이스라엘 민족이 치룬 전쟁은 자기들만이 신의 백성이라는 선민의식에서 기인한다. 이스라엘 민족은 하나님이 택한 민족, 하나님이 함께 하시는 사람들이라는 우월의식을 가지고 있었다. 유대인들은 자기들을 이방인으로 만들지 않은, 여자로 만들지 않은, 미개인으로 만들지 않은 하나님께 찬송을 드렸다. 그들은 이렇게 이방인과 자신들, 여자와 자신들, 미개인과 자신들을 구별하면서 우월감을 가지고 여자들 그리고 주변 민족을 경멸했다. 이렇게 우월감을 지닌 그들에게는 그들의 가나안 입성을 가로막는 부족들은 하나님의 이름으로 정복해야 하는 아무 가치도 없는 사람들이었기 때문에, 그들을 쳐 죽일 때 전혀 양심의 가책이 없었다. 다윗의 경우에도 이방인들을 몰살시키는 것은 하나님의 뜻을 따르는 일이었다.

그리스도인들은 앞에서 언급한 30년 전쟁을 치루면서 종교인에게 관용이 중요하다는 것을 배웠고 그 결과 신구교 사이의 대대적인 종교 전쟁이 더 이상 일어나지 않게 되었다. 그러나 이슬람권에서는 아직도 교파 사이의 전쟁이 자행되고 있다. 성전(지하드)을 표방하는 무슬림들의 자살 폭탄 테러나 지금 벌어지고 있는 IS의 만행을 보면서 종교가 인간을 야수로 만들 수 있다는 것을 실감하게 된다. 그리고 인간의 생명을 중시하는 현대에 와서 구약에 기록된 선민들과 주변 부족들 사이의 무자비한 전쟁과 십자군 전쟁이나 신구교 사이의 참혹했던 전쟁을 새로운 시각에서 바라보게 되었다.

여기서 특별히 우리가 주목할 것은 그리스도교 역사에서 일어난 종교 전쟁이 예수님이 선포하신 사랑과 관용에 역행한다는 사실이다. 신약에서 예수님은 원수를 용서하고 사랑하라고 사랑의 범위를 확대하고 있다. 그런데 그리스도인을 자처하는 종교 전쟁의 당사자들은 신약의 가르침을 외면했다. 그들은 사랑하고 용서하라는 예수님의 이름으로 상대를 미워하고 죽였다. 그것도 아주 잔혹하게 수장시키고 화형시키고 목을 베어 죽였다. 철저한 신앙인이라고 자부하는 사람들일수록 자기 주변에 높은 담을 쌓아올리는 경향이 있다. 전투적인 이슬람의 원리주의자들, 그리스도교의 근본주의자들은 철저하게 신의 말씀에 따라 산다고 믿는 광신자들이다. 이 광신자들은 다른 종교는 물론이고 같은 종교 안에서도 자기들과 교리를 달리하는 사람들과는 각을 세우고 순교정신을 발휘해서 대립하거나 싸운다.

† 배타적인 태도와 예수님의 복음

성경에서는 유대교와 그리스도교의 정체성을 확립하려고 배타성을 강조하고 있다. 십계명에서는 여호와 외에 다른 신을 섬기지 말라고 말하고, 신약에서는 예수님 외에 구원받을 길이 없다고 말한다. 이러한 말씀은 유대교와 그리스도교의 정체성을 확립하는 데에 도움이 되었고, 그리스도인들의 배타적인 태도는 적극적인 선교를 위해서 크게 도움이 되었다. 특히 종교의 정체성을 확립해야 하는 시기에 나와 너를 구별하는 배타적인 태도는 필요악이었다.

그런데 그런 배타적인 태도는 사랑, 용서, 관용을 강조하신 예수님의 삶이나 가르침과 맞지 않는다. 그리스도인의 삶이 예수님의 가르침을 역행하는 것은 작은 문제가 아니다. 예수님의 가르침을 외면하는 사람을 그리스도인이라고 말할 수 있는가? 특히 대화, 소통, 열림, 관용을 중시하는 현대에 와서 예수님이 선포하신 사랑의 복음은 사회적 요구이기도 하다.

그런데 아직도 한국교회에는 종교 전쟁의 잔재인 배타적인 태도가 여기저기 남아있다. 일부에서는 마음을 열고 가톨릭교회와의 대화나 타종교와의 대화까지도 시도하고 있지만, 타종교와의 대화나 심지어 가톨릭교회와의 대화를 원하지 않는 사람들이 많다. 내 아들이 귀하면 남의 자식도 귀한 줄 알아야 한다는 말이 있다. 그리스도인의 대화는 바로 그런 정신에서 출발한다. 대화는 남을 한 인격체로 대하는 것, 그들 역시 하나님이 지으신 인간이라는 것을 인정할 때 가능하다.

불교인과 대화한다고 해서 우리가 그리스도교 신앙을 버리고 불교 신앙을 받아들이는 것은 결코 아니다. 우리가 중국과 대화한다고 해서 한국인이 중국인이 되는 것이 아닌 것과 마찬가지다. 특히 가톨릭교회에 대해서는, 그들의 교리가 개신교의 것과 다르고 오랫동안 두 교회가 격렬하게 싸웠지만, 그들이 개신교인들과 마찬가지로 예수님을 믿는 사람들이라는 사실을 잊지 말아야 한다.

우리 가운데에는 가톨릭과 각을 세울 뿐 아니라 나와 성경해석을 달리 하는 다른 교파의 개신교인들과도 담을 쌓고 대화하지 않으려는 사람들이 있다. 그들은 자신들이야 말로 옳다는 그리고 자신은 진실한 그리스도인이라는 독선적인 태도를 지니고 있다. 특별히 예수를 믿지 않는 사람들에게 전도하기보다는 교회를 다니고 있는, 자기들과 성경해석을 달리 하는 그리스도인들을 전도의 대상으로 삼는 사람들도 있다.

그들은 자기들과 다르게 성경을 해석하는 사람들은 구원을 받지 못할 것이기 때문에 누구보다 먼저 그들을 바른 길로 인도해야 한다는 사명감을 갖고 있다.

그런 사람들의 열성은 가상한 것처럼 보이지만, 실상 사람에 따라서 성경을 다르게 해석하게 마련이다. 성경을 바르게 읽으려는 노력은 칭찬할 만한 일이다. 그러나 그 일로 인해서 나를 내세우면서 예수를 믿는 사람들 끼리 각을 세우는 일은 결코 바람직하지 않다. 그런 태도가 심해지면 언성을 높이게 되고 치고받을 수도 있다. 그것은 종교 전쟁의 잔재다. 교회는 신학자들이 모인 논문 발표장이 아니다. 설사 논문 발표장이라 하더라도 나와 다르다고 해서 상대를 원색적으로 비난하는 것은 바람직한 태도가 아니다.

† 마치면서

자기만이 옳다는 독선적인 태도는 마음을 닫게 만들고 이웃과의 대화를 가로막는다. 인간의 능력도 지식도 제한되어 있고 인간은 오류를 범할 수 있는 존재라는 사실을 인지해야 한다. 그럴 때 겸손해지고 이웃에게 마음을 열게 된다. 예수님은 당신을 잡으러 온 말고의 귀까지도 어루만져서 치료해주셨는데, 예수님이 당신을 잡아 처형하려는 사람까지도 포용하셨다면, 예수님의 제자된 우리도 나와 다른 의견을 가진 사람에게 적대적인 태도를 취하지 않도록 노력해야 한다. 그리고 다르다고 해서 그 사람이 틀렸다고 단정할 수는 없는 일이다. 인간은 실수할 수 있는 존재여서 내가 틀릴 수도 있으니까.

그렇다고 해서 교회 안에서 일어나는 비리를 무조건 눈감아주는 것이

상책이라는 말은 아니다. 이래도 좋고 저래도 좋고, 좋은 것이 좋다는 태도는 결코 바람직하지 않다. 예수님은 바리새인들의 신앙 행태를 신랄하게 비판하셨다. 중요한 것은 우리가 예수님의 복음 위에 서 있는가, 아니면 그 복음을 벗어나 있는가다. 시금석은 예수님의 복음이다. 따라서 예수님의 복음에서 벗어나는, 하나님의 의와 뜻을 벗어나는 행태는 비판받아 마땅하다.

우리는 이 땅에 하나님의 나라를 세워야 할 사명을 부여받은 사람들이다. 그래서 날마다 하나님의 뜻이 하늘에서 이루어진 것같이 땅에서도 이루어지게 해달라고 기도한다. 그렇게 기도하는 사람은 나의 삶이 하나님의 뜻에 맞는, 예수님의 삶과 가르침을 따르는 삶인지 끊임없이 묵상해야 한다. 열린 마음을 중시하는 이 시대에 우리가 종교 전쟁의 잔재를 벗어나지 못한다면, 그리고 열린 마음을 가르치시고 열린 삶을 사신 예수님의 복음을 외면한다면 그것은 참으로 안타까운 일이다. 예수님의 복음을 따라서 세상을 이끌어 나가야 할 우리가 세상을 따라가지도 못하는 꼴이 되기 때문이다. 세상을 이끌어 나가야 하는 우리는 예수님처럼 열린 마음을 가지고, 진보적인 자세로 세상을 품어야 한다.

3. 한국교회의 보수성은 온당한가?

한국교회는 보수적 성향이 강하다. 한국교회를 보수적으로 만든 직접적인 원인을 한국교회가 공산주의자들에게 박해를 받은 데서 찾을 수 있다. 공산주의자들은 종교를 인민의 아편이라고 주장하면서 그리스도교를 박해한 유물론자들이다. 북한에 살던 많은 그리스도인들이 공산주의자들의 박해를 피해서 남으로 내려왔고, 6.25 전쟁 중에 많은 남한의 그리스도인도 공산주의자들에게 박해를 받았다. 그리고 우리는 지금도 북한과 대치하고 있다. 지금 그들은 사회주의를 표방하지만, 그들의 근간이 공산주의이기 때문에 종교에 대한 그들의 태도는 달라진 것이 없다.

한국교회가 보수적 자세를 취하게 된 또 하나의 원인은 교회가 현대의 사회사상이나 과학과 대립하는 데서 찾을 수 있다. 이것은 한국교회만의 문제가 아니라 현대교회 전체가 당면하고 있는 문제다. 현대 사상가들은 대부분 상대주의를 내세우면서 절대 진리를 부인한다. 그리고 다윈의 진화론은 창조론을 위협해 왔기 때문에 그리고 천체 물리학이나 전자 생물학이 신을 부인하는 경향이 있기 때문에, 교회는 과학에 등을 돌리면서 보수적 태도를 취하고 있다.

보수주의는 주어진 현상이나 전통의 옹호 혹은 점진적 개혁을 받아들이는 주의인 반면, 진보주의는 일반적으로 인정되어 오던 전통적 가치나 정책을 반박하며 그 틀 자체를 허물고 새로운 가치나 정책의 창조를 주장하는 혁신적인 사상이나 태도를 말한다. 그래서 보수주의자들은 기득권층이나 가진 자들의 이익을 옹호하고, 진보주의자들은 기득권층을 비판하면서 가지지 못한 자들 혹은 소외된 자들의 편에 선다.

공산주의자들을 진보적이라고 말하는 것은 그들이 가진 자들의 문제점을 지적하면서 노동자와 농민 같은 소외 계층을 위한 사회를 건설하자는 슬로건을 내걸었기 때문이다. 이 슬로건은 공산주의자들의 유물론과 마르크스의 잉여가치 생산 이론과 관계가 있다. 그리스도교에서 유물론자들의 이론을 받아들일 수 없기 때문에, 우리는 사상적으로 그리고 정치적으로 그들과 대립해 왔다. 그런데 그들이 소외된 사람들의 편에 선다는 면에서만 보면, 그들의 슬로건과 소외된 사람들을 위해 헌신하신 예수님의 삶 사이에 공통점이 있다. 우리는 이 점을 유의할 필요가 있다.

예수님은 율법주의적 전통을 중시하는 유대교인들의 신앙행태에 문제가 있다는 점을 드러내면서 소외된 자들의 이웃이 되었다. 그리고 유대교의 가르침을 대신하는 새로운 복음을 선포했다. 개혁자들 역시 율법과 전통 위에 세워진 부패한 가톨릭교회에 맞서서 교회를 혁신하려고 새로운 신앙 원리를 내세웠다. 분명히 예수님과 개혁자들은 혁신적 자세를 취한 진보적인 사람들이었다. 예수님과 개혁자들이 모두 기득권층에 각을 세운 진보주의자들이었다면, 그들을 본받아야 하는 한국교회의 보수적 자세가 바람직한 것인지 의문이 생긴다.

† 예수님의 진보적 자세

예수님은 전통과 율법을 지키려는 유대인들에게 대항해서 싸웠다. 예수님은 그들의 전통과 율법을 수정하거나 뒤엎었다. "옛 사람에게 말한 바 살인하지 말라 누구든지 살인하면 심판을 받게 되리라 하였다는 말을 너희가 들었으나"(마 5:21), "또 간음하지 말라 하였다는 것을 너희가 들었으나"(마 5:27)에서 외형적 행동보다 내면적 변화가 중요하다는 수정된 계명을 제시했다. 여기서 언급된 옛 사람은 모세를 가리키고, 살인이나 간음을 하지 말라는 계명은 모세가 하나님에게서 받은 십계명에 명시되어 있다. 그런데 예수님은 유대인들이 거룩하게 여기는 그 계명을 과감히 수정하여 가르치시면서 은혜의 시대를 열었다. 이렇게 예수님은 유대교를 혁신하신 분이다.

그리고 예수님은 노골적으로 종교적 권위를 자랑하는 바리새인들과 율법 교사들을 비난하셨다. 그분은 율법주의적 신앙으로 인해서 생겨난 믿음 없는 행위, 권위의식, 자만심, 위선을 유대인들에게서 보았기 때문이다. 예수님은 "화 있을진저 너희 바리새인이여," "화 있을진저 너희 율법교사여"(눅 11:39-52)라고 말하면서 그들을 저주하셨다.

이 외에도 예수님은 유대인들이 지키는 전통의 문제점을 지적하셨다. 예수님의 제자들이 손을 씻지 않고 음식 먹는 것을 보고 장로들의 전통을 지키지 않는다고 유대교 지도자들이 공박해 왔을 때, 예수님은 하나님의 계명을 버리고 사람의 전통을 지키는 그들의 오류에 대해서 공박했다. 그리고 고르반의 전통을 언급하면서 모세의 율법을 무시하고 전통에만 얽매인 그들의 허점을 드러내 보여주셨다. 예루살렘 성전에 갔을 때는 장사꾼들을 내쫓으면서, 성전은 기도하는 집이지 장터가 아니라고 말씀하셨다. 유대교 지도자들이 예수님을 고발한 것은 그분이 이렇게 그들의 전통과 율법을 비판하면서 자신이 하나님의 아들이라고 주장하셨기 때문이다. 예수님은 기득권자들에게 희생된 진보주의자였다.

예수님은 여러 유형의 소외된 자들을 사랑하고 겸손의 모범을 보여주셨다. 그분은 당시 사람 취급을 받지 못했던 이방인들의 가치를 인정하고 사람 수에 들지 못하던 여인들과 아이들을 중히 여기셨다. 또한 맹인, 절름발이, 사회에서 격리된 나병환자 등 병자들을 불쌍히 여기면서 치료해 주셨다. 하나님의 아들 그리스도가 인간을 친구로 받아들이고, 죄인으로 취급받는 세리의 친구가 되셨다. 전통을 중시하고 권위를 좋아하는 유대교 지도자들의 삶을 비판하면서 소외된 자들 편에 서서 그들을 돕는 데에 그치지 않고 그들을 위해서 목숨을 바친 예수님은 진보주의자들의 영원한 스승이다.

정치적 진보주의는 절대적인 개념이 아니고 상대적이지만, 예수님의 진보성은 시대가 달라져도 변치 않는 정신적 진보주의다. 요즘 복지 문제가 한국 정치계의 화두가 되어 있어서 복지를 줄이느냐 그렇지 않고 늘리느냐, 증세 없는 복지냐 복지를 위해서 증세를 해야 하느냐가 격론의 대상이 되어 있다. 보수주의자들은 증세를 반대하고 생산성을 강조하면서 기득권층의 이익을 위해서 노력하지만, 진보주의자들은 소외된 사람들과 고통 받는 사람들에게 손을 내민다. 복지의 확대는 진보주의 정신이다. 그런데 소외된 자들의 편에 섰던 예수님은 현대사회의 중대 관심사인 복지와 사회보장 정신의 원조시다.

예수님의 진보성은 소외된 사람들과 함께 살았던 그의 삶의 장소가 단적으로 말해준다. 예수님은 가난한 목수의 아들로 소외된 사람들이 사는 시골마을 나사렛에서 살았고, 나사렛이 있는 갈릴리를 중심으로 소외된 사람들에게 복음을 선포하셨다. 공관복음에 따르면 예수님은 기득권층이 살고 있는 예루살렘에는 한 번밖에 올라가지 않았고, 요한복음에 따르면 세 번 올라가셨다. 어떻든 예수님은 예루살렘에 올라가서 정치적으로나 종교적으로 권세를 잡은 기득권층의 보수주의자들에게 고발당하고 결국 십자가형을 받으셨다. 예수님은 태생적으로 진보주의자였다.

† 개혁자들의 혁신적 자세

교회가 절대권을 행사한 중세에 일반인들은 사제들의 꼭두각시에 불과했다. 교회에서는 교육받은 성직자들만이 읽을 수 있는 라틴어 성경을 사용하고 성경번역을 허용하지 않았기 때문에 일반인들은 성경을 읽지 못했다. 그리고 성경해석의 권한은 교황에게만 주어졌다. 이렇게 사제들이 전권을 쥐고 있고 일반인들은 성경에 나타난 복음에 대해서 무지했기 때문에, 신도들은 성직자들이 자신들의 편의에 따라서 고안한 가르침을 따를 수밖에 없었다.

무엇보다도 중세교회의 재정적 부패는 아주 심각했다. 14세기에 접어들면서 점차 많은 사람들이 영국인 혹은 프랑스인이라는 민족적 틀 속에서 자신을 파악하기 시작했다. 그리고 민족국가의 왕권이 강화되면서 자국의 돈이 교황청으로 흘러들어가는 것을 반대하는 세력이 생겨났다. 설상가상으로 14세기 후반에서 15세기 초까지 가톨릭교회 안에 세 명의 교황이 나와서 서로 싸웠기 때문에 각 교황청의 수입이 대폭 감소하자, 교황청에서는 새로운 자금원을 찾는 데에 수단방법을 가리지 않았다.

가장 큰 자금원은 면죄부 판매였다. 십자군 원정 때 시작된 면죄부 판매는 교황청의 재정 수입을 위해서 가장 많이 사용된 방법이었다. 전쟁에 참가하는 일, 성지나 성소를 순례하는 일 같은 선행 대신 면죄부를 사거나 교회 사업에 헌금을 내면 당사자의 영적 상태와 관계없이 보상을 받을 수 있다고 말했다. 그리고 열정적인 설교자들은 이러한 면죄부에 마술적 효력이 있는 것처럼 선전했다. 로마의 베드로 성당을 세우는 데에 자금이 부족해지자 교황이 테첼을 시켜서 1517년에 대대적으로 면죄부를 팔게 했다. 테첼이 면죄부를 팔러 다닌 1517년 10월에 루터가 비텐베르크 대학 부속교회 정문에 붙인 '95개의 논제' 중 24개 조항에서 면죄부의 문제점을 언급한 것을 보면, 면죄부 판매가 종교개혁의 도화선이 된 것으로 보인다.

가톨릭교회의 재정적 부패 외에, 사제들의 성적, 도덕적 타락은 상상을 초월했다. 결혼이 금지되어 있어서 아내가 없는 사제들이 첩을 두고 있었다. 교황 알렉산더 6세는 축첩제를 도입했고 첩과의 사이에 4명의 사생아가 있었다. 좀 과장된 것같이 들리지만, 어떤 감독은 많은 첩을 두어서 22개월 만에 14명의 사생아를 낳았다고 자랑했다는 말이 있다. 더욱 가관인 것은 그들의 사생아들을 고위 성직에 앉혔다는 사실이다.

개혁자들은 철저히 부패한 가톨릭교회가 정화되고 개선되어야 한다는 데에 뜻을 같이한 혁신주의자들이었다. 그들은 면죄부, 순례, 교회 출석 등 공적에 의해서 구원받을 수 있다는 가톨릭교회의 교리에 반대하면서 믿음에 의해서만 구원받을 수 있다고 주장했다. 또한 고백, 미사, 성상숭배, 성모숭배, 7성례 등 교회에서 전통적으로 중시하던 것들이 성경적이지 않다는 점을 지적했고, 오로지 성경에 근거한 것만을 지키고 가르쳐야 한다는 '오직 성경'의 원리를 내세웠다. 그리고 교회의 직

급제도나 사제들의 언행을 철저하게 불신한 개혁자들은 교회는 교황이나 사제들의 것이 아니고 그리스도를 머리로 하는 백성들의 모임이라 믿고 만인제사장주의를 내세웠다. 개혁자들은 이렇게 가톨릭교회를 혁신한 사람들이다.

† 마치면서

우리는 예수님과 개혁자들에게서 유사점을 발견한다. 예수님은 유대교 지도자들과 맞섰고 개혁자들은 가톨릭교회 사제들과 맞섰다. 예수님은 전통과 율법에 의지하는 유대교 지도자들의 권위의식, 외식, 맹목, 무지 등을 지적했을 뿐 아니라, 새로운 사랑의 복음을 전파했다. 개혁자들 역시 교회의 관행과 규칙을 맹목적으로 따르는 가톨릭교회 사제들의 권위의식, 위선, 부패, 도덕적 타락을 비판했을 뿐 아니라, 그 시대가 요구하는 새로운 교리를 정립했다. 예수님과 개혁자들은 이렇게 기존의 교회를 혁신한 사람들이다.

어느 시대에나 전통과 관행을 따르는 보수적인 사람들이 있는가 하면 경직된 전통을 비판하면서 새로운 비전을 제시하려는 진보적인 사람들이 있다. 그래서 우리 그리스도인들도 자기 취향에 따라 보수적일 수도 있고 진보적일 수도 있다고 말한다. 보수적 자세를 취하는 그리스도인들은, 현대의 과학적 연구나 인문학이 그리스도교 신앙을 위협하기 때문에, 우리는 신앙을 지키기 위해서 보수적 자세를 취해야 한다고 말할 만하다. 특히 공산주의자들 때문에 겪은 아픔을 잊을 수 없는 한국교회는 그들에 맞서서 보수주의를 고수해야 한다고 주장할 수도 있을 것이다.

그러나 우리가 예수님과 개혁자들의 삶과 가르침을 외면한다면, 그리스도인이라고 그리고 개신교인이라고 말할 수 없다. 그들은 우리의 본보기기 때문이다. 한국교회가 보수적인 색채를 띠는 것은 우리의 특수한 상황 때문인데, 진취적이었던 예수님을 따르기 위해서는 그 상황을 극복해야 한다. 소외된 자들의 친구가 되고 죄인들을 위해서 자신을 희생하신 예수님의 진보적 자세를 따라서 우리도 소외된 사람들의 편에 서서 그들을 위해 일해야 한다. 그리고 한국교회가 중세의 가톨릭교회처럼 권위주의를 추구하고 그 결과 타락해 있는 지금 우리도 개혁자들의 혁신적인 자세를 따라서 교회를 개신교답게 만드는 일에 헌신해야 한다. 혁신적인 자세를 지닌 사람은 문화를 외면하지 말고 품어야 한다. 특히 과학의 세력에 밀려서 교회가 수세에 몰려 있는 지금 신학은 마음을 열고 과학을 수용하면서 통 큰 행보를 해야 한다.

4. 문화를 품는 교회

성경에서는 세상과 벗하지 말라고(약 3:4), 세상이나 세상에 있는 것들을 사랑하지 말라고(요일 2:15) 말한다. 야고보서나 요한일서의 문맥을 살펴보면 이 두 경우에 모두 정욕을 멀리하라는 것이 요점이다. 달리 말하면, 인간의 본능적 욕구에 휩쓸리지 말라는 교훈이다. 이 세대를 본받지 말라는 말씀(롬 12:2) 역시 세상의 악한 면을 본받지 말라는 말이다. 그런데 이 교훈을 문맥과 상관없이 받아들여서 세상은 악한 곳이고 세상에 있는 것은 모두 가치가 없는 것이니 세상을 가까이 할 필요가 없다고, 가까이 하면 안 된다고 말하는 사람들이 있다. 그들은 현실도피적인 삶을 부추긴다.

악에 물들지 않기 위해서 교인들이 세상을 가까이 하지 않는다면 그들은 어디에서 살아야 하는가? 교인들은 아예 세상을 떠나는 것이 좋은가? 모두 노아의 방주나 수도원이나 기도원에 들어가 있어야 하는가? 인간은 사회적 동물로서 세상 안에 사는 존재이기 때문에, 교인들도 다른 사람들과 마찬가지로 세상에서, 사회 안에서 살 수밖에 없다. 요한복음에서는 하나님이 세상을 사랑하셨다고 밝히고 있는데, 그렇다면 우리도 세상을 사랑해야 하지 않을까?

세상과 벗하지 말라는 가르침은 현대의 문화는 악하니 그런 문화는 멀리하라는 것으로 이해되기도 한다. 특별히 현대적인 사상과 과학적 연구는 전통적인 신학을 훼손하는 경향이 있기 때문에 그런 것들은 모두 멀리해야 한다는 풍조가 교회 안에 퍼져 있다. 천문학이 발달하기 시작할 때 교회에서는 천문학이 신앙을 해친다고 보고 과학자를 박해했다. 그런데 현대에 와서는 날마다 새로운 과학적 연구 결과가 나오기 때문에, 급변하는 사상과 과학적 연구 앞에서 교회는 현기증을 느끼고 있다.

교회는 이 모든 현대적인 지식을 외면해야 하는가? 교인들은 현대의 사상을 외면할 뿐 아니라, 과학을 배우거나 연구하지 말아야 하는가? 교인들은 전근대적인 사고와 삶 안에 갇혀 있어야 하는가? 교인들은 현대 문명의 이기를 이용하지 말아야 하는가? 그런데 문제는 교회가 이렇게 세상의 문화를 외면한다면 교회가 살아남기 어렵다는 점이다. 세상 안에서, 세상의 문화를 호흡하며 살고 있는 사람들이 그들의 문화를 외면하는 교회에 등을 돌릴 것이기 때문이다.

르네상스가 꽃핀 16세기 역시 현대와 비슷하게 옛 사고와 새로운 사고가 충돌하는 변화의 시대였다. 그러한 시대에 개신교를 창시한 개혁자들은 당대의 문화를 어떻게 대했을까? 그들은 새로운 문화를 등졌는가, 그렇지 않으면 수용했는가? 신앙의 선배들이 당대의 문화를 어떻게 대했는지 알아볼 필요가 있다. 당대 문화에 대한 그들의 태도를 파악하는 것은 현대 문화에 대한 우리의 태도를 정하는 데에 도움이 될 것이기 때문이다.

문화는 보통 정신적이거나 지적이고 예술적인 산물을 의미한다. 그런가 하면 모든 인간 집단이 저마다 가지고 있는 관습, 가치, 규범, 제도, 전통 등 독특한 생활양식을 통틀어 문화라 부르기도 한다. 여기서는 인간의 삶 일반까지도 포함하는 넓은 의미로 문화를 생각하면서 현대인의 사상과 과학적 연구를 문화에 포함시키려고 한다.

† 개혁자들과 웨슬리의 당대의 문화에 대한 자세

개혁자들은 당대의 문화에 등을 돌리기보다는 그 문화를 수용했다는 것이 개혁자들을 연구하는 신학자들의 공통된 견해다. 개혁자들의 개혁운동에 영향을 준 사회적 배경이 여러 학자들에 의해서 밝혀졌다. 교회사를 연구하는 학자들은 종교개혁의 간접적인 원인으로 보통 네 가지를 열거한다. 먼저 신비주의를 든다. 에크하르트, 타울러, 아 켐피스 등이 내세운 신비주의는 주지주의적인 스콜라 신학에서 경험할 수 없는 신앙의 생동감과 역동감을 체험하게 했다. 이러한 신의 내적 체험은 특히 루터에게 영향을 주었다.

다음으로 회의주의 운동을 든다. 위클리프, 후스 등은 교황의 절대성에 항거하면서 교회는 재산을 가져서는 안 된다고, 진리의 유일한 근거는 성경이라고 주장했는데, 개혁자들은 이들의 주장을 대부분 이어받았다. 셋째로 인문주의가 있다. 인문주의를 싹트게 한 고전연구는 성경에 대한 새로운 이해를 가능하게 했고, 인문주의는 교회의 제도적 권위로부터 인간을 해방시키는 데에 도움을 주었다. 츠빙글리와 칼빈은 개혁자가 되기 전에 고전에 심취한 사람들이었고, 루터에 대한 인문주의자들의 후원은 개혁운동의 초기에 그에게 큰 힘이 되었다. 마지막으로 민족주의가 있다. 로마 교황청에 예속되었던 각 민족의 독립의식의 발로로 인해서 독일과 스위스에서 개혁자들을 지원했고 영국은 교황으로부터 분리하게 되었다. 그리고 민족의식은 인문주의와 함께 성경번역을 촉진하는 데에 도움이 되었다.

이와 같이 15-16세기의 변혁기에 살았던 개혁자들은 시대의 흐름을 읽고 그 요구에 부응했던 사람들이다. 먼저 그들은 당시에 일어나고 있던 인문주의 운동에 관여하면서 인간, 언어, 민족주의 등 세상의 변화를 간파할 수 있는 안목을 갖추었었다. 그들은 이러한 안목을 통해서 그들에게 전해진 스콜라 신학 안에 안주하지 않고 신앙의 진수에 관해서 깊이 고뇌했고, 그들 주변에서 일고 있는 교황청에 대한 비판에 동감하면서 거기에 동조했다. 이렇게 개혁자들은 당대의 문화를 수용하고 거기에 적응한 사람들이다.

그들의 뒤를 이어서 감리교회를 창시한 웨슬리는 개혁자들의 교리에 알미니안주의적 요소를 가미했다. 그가 16세기에 이단으로 취급되었던 알미니우스의 신학을 긍정적으로 평가하여 알미니안주의를 그의 신학 안에 포함시킨 것은 개혁자들이 활동하던 16세기 이후로 웨슬리가 활동했던 18세기까지 2세기 동안 문화가 많이 달라졌기 때문이다. 17세기부터 데카르트를 비롯한 일단의 철학자들이 합리적 사고를 중시하기 시작했고 몽테스키외와 볼테르의 18세기는 계몽주의가 꽃핀 시대였다.

계몽주의 시대에 철학자들은 초월적 가치를 배격하고 오직 합리적 원칙에 입각하여 인간의 왕국을 건설하려고 했다. 계몽주의 시대의 신학자 웨슬리는 당대의 철학자들과 달리 초월적 가치를 유지하면서도 계몽주의자들이 내세우는 인간의 의지를 받아들여서 복음적 신인 협동설을 내세웠다. 이렇게 그가 개혁자들과 달리 인간의 자유의지를 인정한 것은 분명히 그가 살았던 18세기 계몽주의의 영향이다. 그가 계몽주의의 영향을 받았다는 면에서 웨슬리 역시 당대의 문화를 수용한 신학자였다.

그러면 우리시대의 신학자들과 교회는 현대 문화에 대해서 어떤 자세를 취해야 할까? 개혁자들과 감리교회의 창시자가 그 방향을 제시해 준다.

† 교회와 현대의 문화

현재 우리는 종교개혁자들이나 웨슬리가 겪은 것보다 훨씬 더 빠른 변화의 시대에 살고 있다. 종교개혁기 이후 지금까지 5백 년 동안 많은 지적 변혁이 있었고, 특히 현대인들은 따라잡기 어려울 만큼 빠른 변화를 경험하고 있다. 웨슬리는 17, 18세기를 거치면서 16세기에 이단으로 취급되었던 알미니안주의를 받아들였는데, 18세기 이후 21세기까지 3세기 동안에는 웨슬리의 시대보다 훨씬 더 급격한 변화와 발전이 일어났다. 그런데 이 3세기 동안 감리교회 안에서도, 16세기 이후로 5백 년 동안 개혁교회 안에서도 변화하는 문화에 발맞추려는 진지한 노력이 보이지 않았다.

그 결과 교회는 현대인의 생각이나 과학적 연구의 결과와 자꾸 멀어져 갔다. 지금 창조기사를 문자 그대로 받아들이는 사람들은 그리 많지 않고, 성경에서 말하는 대로 지구의 역사가 6천 년이라고 생각하는 사람도 거의 없다. 어려서부터 신앙생활을 해 온 나이든 사람들은 그들의 지식과 교회의 가르침이 상충하더라도 하나님을 믿는 그 믿음을 그대로 유지해 나가려고 노력한다. 그러나 신앙의 뿌리가 깊지 않은 젊은이들이나 새롭게 믿어보려고 교회에 나오는 사람들은, 그들이 학교에서 배운 것과 교회의 가르침이 상충할 때, 배운 것 쪽에 기울면서 교회를 등진다. 그 결과 서양의 교회가 텅텅 비어가고 있는데, 한국에도 그 여파가 밀려오고 있다.

지금 한국의 개신교회가 급격하게 쇠퇴하는 데에는 두 가지 이유가 있는 것으로 보인다. 먼저 교회 지도자들의 타락을 들 수 있다. 요즘 많은 사람들이 대형교회를 중심으로 일어나는 교역자들의 일탈을 지적한다. 그들이 빛과 소금의 역할을 하기보다는 오히려 사회를 오염시키고 있다고 말한다. 그래서 그들의 행태에 실망해서 교회를 다니다가 나가지 않는 가나안 성도가 나날이 늘고 있다. 많은 사람들이 이 문제만 해결되면 한국교회가 부흥할 수 있을 것처럼 말한다. 제2종교개혁의 필요성을 역설하는 사람들도 믿음 위주의 신앙생활에서 행위를 중시하는 쪽으로 바꾸는 정도의 개혁에 초점을 맞추고 있다. 개혁자들이 내세운 '오직 믿음'과 행위의 균형이 필요한 것이 사실이지만, 그것만으로는 충분하지 않다.

우리는 유럽 교회를 문 닫게 만든 원인을 잊지 말아야 한다. 교회가 변하는 시대의 문화에 적응하지 못할 때 사람들은 그 교회를 등지고 말았다. 어쩌면 그것이 현재 한국 개신교회가 쇠퇴해 가고 있는 더 근본적인 이유일지도 모른다. 요즘 정보의 교환이 아주 빠르기 때문에 서양의 사고나 풍조가 지체 없이 한국에 들어오게 되어 있다. 가톨릭교회는 부흥하는데 개신교회는 쇠퇴하는 것을 보고 그 원인을 목사들의 일탈로만 돌리는 경향이 있지만, 그보다 더 중요한 것은 개신교회가 전근대적인 사고의 틀에 갇혀 있다는 점이다.

가톨릭교회에서는 1965년 제2바티칸 공의회를 거치면서 현대 신학자들의 도움을 받아 현대 문화에 바싹 다가섰다. 이 공의회에서 교황청 개혁, 교회의 현대화, 신앙의 자유, 세계 평화, 교회 연합과 일치 등이 중점적으로 논의되었다. 그 결과 적극적으로 토착화를 추진해서 라틴어로만 드리던 미사를 자국어로 드리게 되었고, 한국에서는 제사제도까지 수용하고 나섰다. 이단으로 취급하던 개신교에 대해서는 갈려나간 형제로 인정했을 뿐 아니라, 사제들의 권위의식을 완화하면서 평신도 사도직을 강조했다. 또한 남자만 제단에 올라가는 관행을 버리고 소녀 복사를 세웠으며 타종교와의 대화를 적극적으로 시도했다. 그리고 교회의 사회에 대한 책임을 강조하여 사회에 다가가려고 노력했다.

그리하여 제1차 바티칸 공의회가 근대적 사상과의 대결을 유지한 데 반해서 제2차 공의회는 '시대에의 적응'을 내세워서 교회의 보수적인 면을 탈피하고, 교회 제도를 과감하게 개혁하여 교회에 새 바람을 일으켰다. 한국에서 신구교회가 연합하여 '공동번역성경'을 발행한 것은 제2차 바티칸 공의회의 영향이라 할 수 있다. 교황이 교회의 이름으로 오류를 범한 사실을 인정하여 교황무오설이 후퇴한 것 역시 이 공의회의 영향이다. 그리고 최근에 와서는 진화론까지 수용하기에 이르렀다. 이러한 제2차 바티칸 공의회에서의 혁신은 열린 마음으로 현대의 문화에 발맞추려는 노력의 결과고, 살아남기 위해서 급변하는 시대에 적응하려는 일종의 몸부림이다.

그러나 개신교회에서는 새로운 시대에 적응하려는 노력이 보이지 않는다. 개신교회에서는 개혁교회와 감리교회 모두가 개혁자들이나 웨슬리의 신학에서 한 걸음도 앞으로 나아가지 않았다. 오히려 시대에 역행하는 면도 있다. 개혁자들은 만인제사장주의를 내세웠는데, 현재 한국교회의 목회자들이 권위의식에 사로잡혀 있어서 만인제사장주의가 뒷전으로 밀려나 있다. 그리고 대화를 중시하는 시대에 타종교는 물론 타교단과의 대화를 거부하는 교단들이 많다. 성경번역만 하더라도 가톨릭에서는 현대어로 번역된 성경을 사용하는데, 대부분의 개신교회에서는 옛 어투로 번역된 개역개정 성경을 사용하고 있다. 이 성경번역에서 현대인에게 다가가려고 노력하는 가톨릭교회와 현대의 문화에 등을 돌리고 있는 개신교회의 차이가 단적으로 드러난다. 개혁자들의 시대에는 개신교회가 가톨릭교회를 앞섰는데, 지금은 가톨릭교회가 개신교회를 앞서 나가고 있다. 이것은 개신교회가 반성해야 할 참으로 중대한 일이다.

16세기 이후에 본격적인 인문주의 운동과 계몽주의를 거치면서 인간의 이성이 강화되었고, 진화론의 대두, 지질학의 발달 등으로 인해서 창조기사를 문자적으로 받아들이는 데에 어려움이 생겼다. 그리고 1, 2차 세계대전을 거치면서, 특히 선민을 자처하는 유대인들의 대학살을 겪고 나서 그리스도교 신앙에 대한 전통적 확신이 흔들리기도 했다. 지구촌 시대를 맞이한 현대에는 상대주의, 대화주의가 등장하고 열림, 소통, 융합이 시대의 화두가 되었다. 그리고 창의성을 요구하는 디지털시대에 이르러서 인간의 의식이 혁명적이라 할 만큼 나날이 변해가고 있다.

개혁자들이나 웨슬리가 한 것처럼, 그리고 가깝게는 가톨릭교회에서 한 것처럼, 우리도 이 시대의 사상과 과학적 지식을 수용해서 새로운 시대에 맞는, 새 시대가 요구하는 신앙적 비전을 제시해야 한다. 새 술에 맞는 새 부대를 준비해야 한다. 나날이 변화해 가는 시대에 교회가 보수적 전통에 안주하면서 현대인의 의식이나 경험을 무시하는 성경이해를 무비판적으로 답습한다면, 그리고 교회지도자들의 삶이 중세교회의 권위주의나 위선으로 돌아간다면, 그러한 구태의연한 교회는 현대인에게 외면당할 수밖에 없다.

따라서 교회지도자들은, 개혁자들이나 웨슬리처럼, 먼저 이 시대의 흐름을 파악하고 거기에 대처하려는 진취적 자세를 취해야 한다. 현대인들은 현대과학과 현대사상을 배우고 연구하고 그 안에서 살고 있다. 그런데 현대과학은 전통 교리에 맞지 않는 이야기를 한다고 외면하고 현대사상은 절대 진리를 부정하니까 거들떠볼 가치도 없다고 생각하는 교회지도자들이 많다. 진리는 변하지 않는다는, 진리를 수호해야 한다는 그들의 말이 그럴듯해 보이기도 한다. 그러나 앞으로 나아가지 않고 그렇게 뒷걸음질 치다 보면 넓은 세상을 버리고 우물 안으로 들어가게 되고, 그러면 결국 우물 안 개구리가 되고 만다. 상투를 틀고 청학동에 들어가서 사는 일심교 교인들처럼 골동품이 된다.

보수적 성향을 보이는 한국 개신교회는 현대신학에 대해서 알레르기 반응을 보이는 경우가 많다. 현대신학이 전통적인 그리스도교 신앙을 훼손한다고 보기 때문이다. 그러나 실상 현대 신학자들은 전통적인 그리스도교 신앙을 외면하는 현대인에게 현대의 언어로 그리스도교 신앙을 설명하려고 노력하는 사람들이다. 현대인의 사고 즉 그들의 언어로 말하지 않으면 사람들이 자기들의 언어와 다른 언어로 설명되는 신앙을 받아들이려 하지 않기 때문이다. 당대의 문화에 적응하지 못하는 종교, 당대의 문화를 수용하지 못하는 종교는 사멸하게 마련이다. 우리는 새 시대에 맞는 신앙적 비전을 제시하려고 노력하는 진보적인 신학자들을 외면하지 말아야 한다.

진보적인 신학자들 중의 한 사람으로 테야르 드 샤르댕(1881-1955)이 있다. 그는 고생물학을 공부한 가톨릭 신부였는데, 한때 베이징에서 유인원의 유골을 발굴하는 등 진화론에 심취해 있었다. 샤르댕은 그의 진화론의 이론을 신학에 도입한 신학자로 유명하다. 그는 '오메가 포인트'라는 신학용어를 사용해서 만물이 진화해 나가는 정점에서 예수님의 정신이 완성될 것이라는 신인 협동의 낙관적인 신학사상을 제시했다. 한동안 교황청에서 샤르댕의 저서들을 금서목록에 포함시켰었지만, 많은 사람이 샤르댕을 긍정적으로 평가하게 되면서 최근에는 교황청에서도 그에 대한 연구를 허용했다. 진화론과 신학을 결합시킨 샤르댕은 현대 과학이나 사상을 수용하려는 신학자들의 모델케이스가 되었다.

샤르댕 사건을 접하면서 우리는 지동설을 주장한다는 이유로 교황청에 의해 정죄되었다가 365년 후에 복권된 갈릴레오를 떠올리게 된다. 1633년에 갈릴레오를 파문한 교황청은 189년이 지난 1822년에 지동설을 인정했고, 지동설을 인정한 지 144년이 지나서야 그의 책을 금서목록에서 해제했다. 그리고 1998년에야 갈릴레오를 복권시켰다. 아주 분명한 천문학적 지식을 교회가 완전히 수용하는 데에 365년이나 걸렸다는 사실은 우리를 실망시킨다. 이것은 제2바티칸 공의회 이전에 오랫동안 가톨릭교회가 과학에 대해서 꼭꼭 문을 닫고 있었다는 것을 말해준다. 그렇게 갈릴레오의 복권을 지연시켜서 교회가 얻은 것이 무엇이었단 말인가? 여기서 우리가 배워야 할 것은 교회는 과학을 외면할 것이 아니라 정설로 인정된 과학 연구의 결과를 과감하게 수용해야 한다는 점이다. 갈릴레오 경우처럼 지연시킬 때에 손상을 입는 쪽은 교회니까 말이다.

† 마치면서

지난번에 대학에서 생물학을 가르치는 후배를 만났더니 자기네 목사에게서 난감한 요청을 받은 일이 있다고 말했다. 창조과학에 관한 특강을 해달라고 하더라는 것이다. 그래서 어떻게 했느냐고 물었더니 진화론을 가르치는 자기가 어떻게 창조과학을 이야기하겠느냐고 대답했다. 아직 준비가 안 되었다고 어정쩡하게 얼버무리고 나서 그 자리를 피했단다. 그러면 준비된 다음에 해달라고 다시 부탁하면 무엇이라고 답변하겠느냐고 말하면서 서로 웃었다. 목사 입장에서는 평소와 달리 자기의 말에 순종하지 않는 이 안수집사가 몹시 불만스러웠을 것이다.

여기서 우리는 한국 교회의 현주소에 대해서 최소한 세 가지를 생각할 수 있다. 먼저 목사들이 아직도 창조기사를 문자적으로 해석하면서 과학적인 기록으로 받아들이고 있다는 사실이다. 다음으로는 목사들이 생물학이나 지질학을 전공하는 사람이라도 교회에 열심히 나오면 창세기의 기사를 문자적으로 받아들일 것이라고 생각한다는 점이다. 셋째는 진화론이나 지질학을 배운 교인들 중에 많은 사람이 창조 기사를 문자적으로 받아들이지 않는다는 사실이다.

우리는 새로운 과학적 지식과 사상에 대해서 그리고 현대의 신학에 대해서 수세적인 자세를 취할 것이 아니라 포용적 자세를 취해야 한다. 이것이 바로 당대의 문화를 수용한 개혁자들과 웨슬리에게서 배울 점이고, 우리보다 앞서 나가는 가톨릭교회에게서 배울 점이기도 하다. 교회가 전근대적인 언어 안에 갇혀 있으면서 현대의 언어를 사용하는 사람들을 인도하려 한다면 그것은 착각이다. 전근대적인 문화 안에 안주한다는 것은 현대인을 인도할 것을 포기했다는 것을 말한다. 다시 말하지만, 현대의 문화에 적응하지 못하는 교회는 도태하게 마련이다. 따라서 현대의 과학과 문화를 포용하려는 노력은 살아남기 위한 몸부림이다.

지금까지 이 장에서는 한국교회가 보수적인 성향이 강하다는 점, 아직도 배타적인 태도를 벗어나지 못하고 있다는 점을 생각하면서, 이러한 것들은 모두 예수님의 열린 마음이나 진보적 태도에 역행한다는 점을 지적했다. 예수님을 닮으려고 노력하는 그리스도인들이 예수님의 가르침이나 삶을 외면하는 삶을 산다면 그들을 참다운 그리스도인이라고 부를 수 없다. 더구나 사회가 열린 마음, 열린 사회를 지향하고 있는데, 2천 년 전에 열린 마음을 체현하신 예수님의 사람들이 사회를 따라가지도 못한다면 이것은 중대한 과오다. 과학의 시대를 맞이해서 신학은 수세적인 입장을 취할 것이 아니라, 과감하게 과학을 수용하면서 신이 모든 만물의 창조주이심을 당당하게 말해야 한다. 하나님은 과학자들이 실험이나 관찰을 통해서 알아낸 그 모든 것을 창조하신 분이라는 것을 선포하는 신학이 되어야 한다. 교회는 사회를 향해서, 과학을 향해서 마음을 열어야 한다.

제 6 장

지금은 나서야 할 때

외부인들은 교회가 사회보다도 더 부패했다고 교회를 비판하는가 하면, 교회 내부에서도 제2종교개혁이 필요하다고 목소리를 높이고 있다. 그 타락의 양상은 재정적 비리, 세습, 성적 타락 등 각양각색이다. 이렇게 교회가 타락해가는 근본 원인은 믿음만을 중시하고 행함을 소홀히 한 데에 있다. 행함을 외면하는 목회자들은 인간적 욕심을 좇아 권위를 탐하면서 개혁자들이 내세운 만인제사장주의를 유명무실하게 만들었다. 이제 우리는 행함의 중요성을 강조하는 새로운 신앙노선을 확립해야 한다. 우리는 거기서부터 착각했고 거기서부터 길을 잃었다.

침묵은 죄라는 말이 있다. 한국교회가 무너져가는 것을 보면서도 방관하는 사람, 침묵하는 사람은 교회를 무너뜨리는 데에 동조하는 죄를 짓고 있다. 하나님은 사람을 통해서 역사하신다. 한국교회를 살리는 것은 하나님의 뜻이며 한국교회를 살리는 일에 동참하는 것은 하나님의 나라를 이 땅에 이루는 일이다. 하나님의 부르심에 응했던 이사야처럼, 우리도 “내가 여기 있나이다 나를 보내소서”라고 하나님의 부르심에 응답해야 한다. 하나님은 우리의 응답을 기다리고 계신다. 지금은 한국교회를 바로 세우기 위해서 우리가 나서야 할 때다.

1. 권위를 탐하는 목사들

루터는 성경적인 교회를 세우기 위해서 일어섰다. 그는 중세의 가톨릭교회가 부패한 근본 원인이 사제들의 권위주의라고 보았다. 그리고 그는 사제들의 권위주의는 그들이 제사장 직분을 수행하는 데서 나온다는 것, 사제들이 제사장이라는 것은 비성경적이라는 것을 정확히 파악했다. 제사장은 구약에 있었던 직분이고 예수님이 우리를 위해 돌아가신 후에는 모든 사람이 제사장의 신분을 얻게 되었다는 성경적인 근거를 제시하면서 루터는 만인제사장주의를 내세웠다.

교권주의를 타파하기 위한 만인제사장주의는 교회의 개혁을 위한 아주 중요한 모토였다. 그런데 지금 한국교회에서 만인제사장주의는 실종되고 말았다. 권위를 추구하는 목사들은 교인들을 그들 앞에 납작 엎드린 바보들로 만들었다. 그래서 현재 한국의 개신교회는 루터가 꿈꾸던 교회와는 거리가 먼, 목사들의 권위주의가 판치는 곳이 되었다. 한국교회가 무늬만 개신교라는 말은 결코 과장된 것이 아니다.

종교개혁이 일어난 지 500년이 지난 지금 한국의 교인들은 중세시대의 교인들처럼 바보가 되어 있다. 목사들은 기름부음 받은 목사의 말을 거역하거나 마음을 아프게 하면 벌을 받는다고 교인들을 세뇌시켰다. 교인들은 목사들의 기도에는 특별한 능력이 있다고 믿는다. 목사는 목자고 교인은 그들의 양이기 때문에 교인은 목사에게 절대 순종해야 한다고 믿는다. 이렇게 목사의 권위와 권한이 중세교회 사제들의 교권을 무색케 할 만큼 높아지면서 교인들은 목사들의 비행을 보아도 못 본척 하고 입이 있어도 말해서는 안 되는 바보가 되고 말았다.

이 바보군단을 거느리는 목사들은 어떤 말을 하더라도 어떤 행동을 하더라도 거칠 것이 없다. 목사들이 기복신앙을 설교해도, 목사들이 그들의 마음에 들지 않는 사람들을 교회에서 몰아내도, 교회 재정을 유용하고 비자금을 만들어도, 교회를 자녀들에게 물려줘도, 애인을 두거나 간통을 해도 말하는 사람이 별로 없다. 오히려 말하는 사람들이 교회를 해치는 사탄의 세력으로 몰린다. 이런 한국교회를 보면 개신교회가 교권주의와 부패로 물들었던 중세의 가톨릭교회로 돌아간 것 같다. 이러한 교회의 부패를 막아줄 방부제는 없는가?

† 목사의 축복권

목사들에게 부여된 임무는 성경을 가르치는 일과 개별 교회를 대표하는 당회장으로서 교회를 치리하는 일인데, 목사들은 자기들끼리 모여서 축복권을 만들어냈다. 그들은 축복권의 근거를 하나님이 제사장들로 하여금 이스라엘 자손에게 축복하라고 말씀하신 민수기 6장 23-27절에서 찾는다. 신약의 토대 위에 세워진 그리스도교가 어떻게 목사를 제사장들과 동일시하며, 그 축복권을 구약에서 찾는단 말인가? 만인제사장주의의 모토 위에 세워진 개신교의 목사들이 제사장의 축복권을 계승한다는 것은 앞뒤가 맞지 않는 일이다. 이것은 목사들의 인간적인 욕심이 만들어낸 것이다.

평신도든 목회자든 모든 사람이 제사장 같은 존재로서 하나님 앞에서 있다는 것이 바로 만인제사장주의의 주장이다. 제사장은 하나님과 백성을 중재하는 직분을 가진 사람이었다. 백성들은 하나님에게 자기의 죄를 용서해 달라는 기도를 직접 할 수가 없었고, 제사장이 그들을 대신해서 하나님께 제사를 드려서 그들의 죄를 용서받게 해주었다. 이렇게 제사장에게는 백성들에게 없는 특별한 능력이 주어져 있었다. 만인제사장주의의 기초 위에 세워진 개신교에서는 모든 신앙인은, 성직자든 평신도든, 하나님께 직접 기도할 수 있고 그 기도를 통해서 죄를 용서받을 수 있다고 믿는다.

예수님은 주기도문을 통해서 우리의 죄를 사하여 달라고 하나님께 직접 기도할 수 있다는 것을 가르쳐 주셨을 뿐 아니라, 당신의 이름으로 구하면 주신다고 말씀하셨다. 대제사장 되신 예수님이 오셔서 제사장의 중재 없이 예수님의 이름으로 직접 하나님께 기도할 수 있는 길을 열어 놓으셨다. 개신교에서는 예수님이 숨을 거두실 때 성소의 휘장이 위로부터 아래까지 찢어짐으로써 예수를 믿는 사람은 누구나 성소에 들어갈 수 있게 된 것으로, 제사장의 역할이 끝난 것으로 이해한다. 그리고 사도들은 "너희는 택하신 족속이요 왕 같은 제사장들이요"(벧전 2:9), "우리를 나라와 제사장으로 삼으신 그에게"(계 1:6), "그들로 우리 하나님 앞에서 나라와 제사장들을 삼으셨으니"(계 5:10) 등의 구절들에서 예수 믿는 사람들이 모두 제사장 된 것을 증언하고 있다.

목사들에게 축복권이 있다는 것은 그들의 기도에 특별한 능력이 있다는 말인데, 만인제사장주의를 내세우는 개신교회에서는 그런 능력을 인정하지 않아야 한다. 어거스틴의 어머니 모니카가 아들을 위해서 기도하고, 아내가 남편을 위해서 기도하고, 내가 친구를 위해서 기도하고, 목사가 교인들을 위해서 기도한다. 이렇게 모두들 기도할 때, 목사의 기도에 특별한 능력이 있는 것이 아니다. 다만 기도하는 사람의 간절함에는 차이가 있을 것이다.

그런데 교인들은 집을 사서 이사할 때 혹은 새로운 사업을 시작할 때 목사를 모셔다가 축복기도를 부탁한다. 이사를 하거나 개업을 할 때 예배를 드리는 것은 바람직한 일이지만, 목사가 축복해 주기를 원하는 것은 목사의 기도에 특별한 능력이 있다고 믿기 때문이다. 이렇게 목사의 기도에 특별한 능력을 부여하는 것은 구약의 제사장 제도로 돌아가는 일이며, 사제의 기도에 특별한 능력을 부여하는 가톨릭을 닮는 일이다. 다시 말하면, 만인제사장주의를 주장하는 개신교의 신앙원리를 부인하는 일이다.

처조카가 동물병원을 개원했다. 집사람을 통해서 들으니 개업예배를 드려야 하는데 조카네 교회의 담임목사가 안식년 중이어서 문제가 생겼단다. 목사가 외국에 나가 있기 때문에 목사가 귀국할 때까지 두 달을 기다려야 한다고 했다. 그러면 개업을 두 달 후로 미루면 되지 않느냐고 말했더니 이미 집을 사고 내부시설도 끝냈는데, 어떻게 개업을 미루느냐고 말했다. 그래서 부목사를 모시고 개업예배를 드리면 되겠다고 말했더니 처제가 담임목사를 모시고 예배를 드려야지 어떻게 젊은 부목사를 모시느냐고 말한단다.

그 말을 듣고 나서 나이 든 내가 가서 예배를 인도하고 축복하면 되겠다고, 내가 복을 빌어주면 목사가 축복하는 것보다 더 사업이 번창할 것이라고 말했다. 지금까지 나는 하나님의 은혜로 성공적인 학자의 길을 걸어 왔고, 신앙을 인정받아 장로가 되었고, 아이들도 잘 되었으니 이렇게 복을 받은 사람이 복을 빌어주면 조카의 병원에도 하나님의 복이 넘칠 것이라고 말했다. 그러나 집사람은 목사도 아니면서 무슨 소리냐고 내 제안을 한 마디로 거부했다. 내가 예배를 인도하겠다는 말은 짐짓 해본 소리지 처제가 내 말을 받아들이지 않을 것이라는 것은 잘 알고 있었다.

그 교회의 담임목사가 귀국한 후, 개업한 지 두 달이나 지나서 조카네 동물병원에서 개업예배를 드린다고 하기에 집사람을 따라 나섰다. 가서 들으니 개업한 두 달 동안 병원에 손님이 별로 없었다고 한다. 처제는 개업예배를 드리지 않은 탓이라고 생각하는 것 같았다. 개업예배 설교 후에 기도하면서 목사님은 다른 집에 가서도 하는 똑같은 말로 복을 빌었다. 나가도 복을 받고 들어와도 복을 받고 떡 반죽 그릇에 차고 넘치도록 복을 달라고 기도했다. 예배가 끝나고 헤어질 때 처제는 두툼한 봉투를 목사님의 손에 쥐어주면서 수고하셨다고, 감사하다고 연신 허리를 굽혀 인사했다. 목사가 떠나면서 앞으로 병원이 잘 될 것이라고 말하자 처제는 아주 흡족한 표정을 지었다. 내게 믿음이 적어서인지, 목사의 말이 마치 무당이 굿을 마치고 가면서 하는 말처럼 들렸다.

집에 돌아오면서 나는 생각했다. 그동안 병원이 잘 되지 않은 것은 주변에 동물병원이 많고 개업한 이 병원은 아직 알려지지 않았기 때문이었을 것이다. 그리고 내가 예배를 인도했더라면 개업한 지 두 달이나 지난 후에 개업예배를 드리는 어설픈 일도 일어나지 않았을 것이고, 내가 봉투를 받을 리가 없으니까, 병원도 잘 되지 않는다는데, 비용도 적게 들었을 것이다. 하나님은 장로의 축복과 목사의 축복을 차별하시지 않을 것이다. 내가 조카의 병원을 위해서 기도했더라면 담임목사보다 훨씬 더 간절한 마음으로 기도했을 것이다. 하나님은 진심 어린 기도에 더 귀 기울이시지 않을까.

† 예수님의 양이 목사의 양인가?

목사들이 자기들을 목자로 교인들을 양으로 생각하는 데서 그들의 권위의식이 분명하게 나타난다. 목사들은 교회에서 시무하는 것을 목양한다고 말하는데, 담임목사의 사무실 출입문 위에 '목양실'이라는 표지판을 붙여 놓은 것을 흔히 볼 수 있다. 그들은 요한복음 21장 15-17절에서 교인들을 그들의 양이라고 부를 수 있는 근거를 댄다.

예수님이 부활하신 후에 제자들에게 나타나서서 특별히 베드로에게 "나를 사랑하느냐"고 세 번 연거푸 물으셨다. 예수님은 베드로가 주님을 사랑한다고 대답할 때마다 "내 어린 양을 먹이라," "내 양을 치라," "내 양을 먹이라"고 부탁하셨다. 여기서 목사들은 베드로가 양을 먹이고 양을 치니까 베드로는 목자고 교인들은 양이라고 해석한다. 그리고 자기들은 베드로처럼 양을 먹이는 목자라고 생각한다. 그렇게 생각할 경우 그들은 자신들을 베드로와 동일시해서 그들을 사도의 반열에 올려놓는 셈이다. 목사들이 자신들을 사도의 위치에 올려놓으려는 데서 목사들의 권위 의식이 극에 달한 것을 발견할 수 있다.

"여호와는 나의 목자시니"라고 노래하는 시편 23편에서 다윗은 하나님을 목자에 자신을 양에 비유하고 있다. 예수님은 요한복음 10장에서 "나는 선한 목자라 선한 목자는 양들을 위하여 목숨을 버리거니와"(10:11)라고 말씀하시면서 예수님 자신을 목자에 신앙인들을 양에 비유하신다. 이 두 경우에 하나님과 예수님은 목자며 다윗이나 교인들 같은 인간은 모두 양이다. 예수님이 베드로에게 "내 양을 먹이라"고 말씀하실 때도 예수님은 목자고 베드로를 비롯한 제자들과 교인들은 모두 양이다.

여기서 우리는 "내 양"이라는 비유적 표현에 유의해야 한다. "내 양"이라는 말은 예수님과 인간들의 관계를 가리키기 때문에 인간인 베드로까지도 예수님의 양이다. 따라서 베드로가 예수님의 양을 맡아 돌보더라도 베드로와 그가 돌보는 그의 이웃과의 관계는 그 임무를 맡기 전과 마찬가지로 형제자매의 관계, 즉 인간과 인간의 관계다. 예를 들면, 어느 아버지가 학교에서 왕따를 당하는 아들이 걱정되어서 같은 반에 있는 아들의 친구를 만나 자기 아들을 잘 돌보아달라고 부탁할 경우, 그 학부형의 아들이 그 친구의 아들이 되는 것은 아니다. 그들은 계속 친구일 뿐이다.

그리고 예수님이 "내 양을 먹이라"고 말씀하시는 문맥을 살펴보면 여기서 베드로가 내세울 만하고 영예로운 사명을 받았다고 보기 어렵다. 예수님이 부활하셔서 베드로를 만난 자리에서 "네가 이 사람들보다 나를 더 사랑하느냐"라고 묻는다. 베드로가 이 질문을 받았을 때, 며칠 전 예수님이 십자가에서 고난을 받기 직전에 자기가 주님을 세 번이나 부인한 일이 생각났을 것이기 때문에, 베드로의 마음이 편치 않았을 것이다. 그리고 같은 질문을 두 번도 아니고 세 번 연거푸 받았을 때, 베드로는 예수님의 질문이 예사롭지 않다는 것을 알아채고 "근심"(요 21:17)하게 되었다. 그래서 앞에서 대답했던 것과는 달리 이번에는 "주님 모든 것을 아시오매"라는 조건을 달아서 사랑한다고 대답했다. 이 말은 '제가 주님을 배반한 것까지도 아시지 않습니까?'를 내포한다고 보아야 한다. 세 번째 질문을 받았을 때 그가 근심했다는 말에서, 우리는 베드로가 "네가 나를 사랑하느냐"는 질문을 '네가 네 죄를 알렸다.'는 추궁으로 받아들인 것이라고 볼 수 있다.

예수님은 이렇게 베드로를 불안하게 하면서 "내 양을 먹이라"고 명하셨다. 베드로는 세 번이나 반복되는 예수님의 질문을 그에게 참회를 촉구하시는 것으로 그리고 예수님의 부탁을 다시는 실수하지 말고 사명을 완수하라는 다짐으로 받아들였을 것이다. 그리고 바로 이어서 예수님이 베드로의 죽음을 예언하셨을 때, 베드로의 마음이 더욱 착잡해질 수밖에 없었을 것이다. 베드로가 자기의 죽음에 대한 예언을 듣고 나서 예수님에게 사랑하시는 제자는 어떻게 되겠느냐고 질문한 것을 보면, 그 제자가 부러웠고 그 제자에 대해서 궁금했던 것으로 보인다. 그때 예수님은 "내가 올 때까지 그를 머물게 하고자 할지라도 네게 무슨 상관이냐 너는 나를 따르라"(요 21:22)고, 그 제자는 죽지 않는다는 뉘앙스가 담긴 말을 하시면서 그런 것은 상관하지 말고 너는 나를 따르기만 하면 된다고 냉정하게 대답하셨다. 이 대답을 들은 베드로의 마음은 더욱 침울해졌을 것이다.

보통 "내 양을 먹이라"는 명령을 베드로를 높이 들어서 영광스러운 일을 맡기신 것으로 이해하지만, 결코 그렇지 않아 보인다. 이 자리는 질책의 장소며 참회를 촉구하는 자리였다. 사랑하시는 제자 요한에 대해서는 특별한 관심을 보이시면서 자기에게는 연거푸 사랑하느냐고 물으시고 나서 그의 죽음을 언급하신 이 장면에서 베드로는 예수님이 자기에게 특별한 사명을 주셨다고 생각하지 않았을 것이 분명하다. 여기서 예수님이 베드로에게 권위를 부여하셨다고 이해하기보다는 대제사장의 뜰에서 당신을 부인했던 제자에게 순종과 희생을 다짐하셨다고 보는 것이 마땅하다.

그런데 목사들이 "내 양을 먹이라"는 예수님의 명령을 자기들의 권위를 드러내는 데에 사용하려는 것은 권위를 탐하는 그들의 착각이다. 내

양을 먹이라는 예수님의 비유적 표현을 교인을 양으로 취급해도 되는 것으로 해석하는 것도 문제지만, 예수님이 베드로에게 다짐하신 순종과 희생을 영광스러운 사명으로 받아들이는 것은 문맥을 살피지 못한, 권위의식에 눈먼 사람의 착각이다.

† 기름부음 받은 자의 권위

목사들은 흔히 부흥강사들을 통해서 목사를 해치는 일을 해서는 안 된다고 말해 왔다. 그들은 다윗이 그를 박해하는 사울을 죽일 수 있는 기회가 두 번이나 있었는데도 사울을 죽이지 않은 사무엘상 24장과 26장의 기록을 그 근거로 댄다. 그때 다윗은 기름 부음을 받은 사울을 죽이는 것은 하나님이 금하신 일이고 죄이므로 사울을 치는 일은 하나님께 맡기자고 말한다. 부흥강사들은 다윗이 사울을 죽이지 않은 것처럼 기름부음을 받은 목사를 해치는 일을 해서는 안 된다고, 목사를 치는 일은 하나님께 맡겨야 한다고 강변한다. 여기서 문제가 되는 것은, 목사들이 자기들을 베드로와 동일시하려고 한 것처럼, 자기들을 이스라엘의 초대 왕인 사울과 동일시하려고 한다는 점이다. 목사들이 치외법권적인 권위를 옹호하기 위해서 이렇게 구약의 고사를 끌어다가 신약시대의 삶을 변호하기 시작하면 어떤 악한 행위도 다 정당화할 수 있다.

한 걸음 더 나아가서 목사들은 주의 종을 비판하면 벌을 받는다고 말한다. 그들은 그 근거를 모세를 비난한 미리암을 하나님이 저주하신 데서 찾는다. 민수기 12장에서 모세가 유대 여인이 아닌 구스 여인을 아내로 취하였기 때문에, 모세의 누이 미리암과 형 아론이 모세를 비방하자 하나님은 미리암에게 나병의 벌을 내렸다. 설교자들은 중직자든, 일반

교인이든 하나님이 세우신 목사를 비난하면 이렇게 벌을 받는다고 말한다. 그런데 하나님은 민수기 12장에서 모세가 다른 선지자들과 비교할 수 없는 특별한 종임을 분명히 말씀하고 있다. 그런데 어떻게 목사들이 감히 자기들을 모세와 동일시하면서 모세와 같은 특별한 존재로 생각한단 말인가? 여기서 그들의 오만이 드러난다.

목사를 비판하면 벌을 받는다는 생각은 특별히 신앙심이 깊은 여신도들 마음속에 깊이 뿌리내리고 있다. 그래서 남편이 교회의 개선방안을 언급하거나 목사의 오류를 지적하면, 목사가 알아서 하는 일을 왜 그렇게 참견하느냐고, 왜 목사를 비판하느냐고 말한다. 그렇게 말하면서도 집사라고 말할 수 있느냐고, 장로라고 할 수 있느냐고 다그친다. 목사가 하는 일은 다 옳은 것이냐고, 아무 말도 하지 말고 입을 봉하고 있어야 하느냐고 맞서면, 모두 당신이 다칠까 봐서, 당신을 위해서 하는 말이라고 한다. 그러면 남편들은 더 이상 부인과 다툴 수가 없다.

목사들은 이렇게 남편들을 바보로 만들어 놓고 전횡할 수 있게 되었다. 이렇게 해서 목사들은 하나님으로부터 기름부음을 받은, 그들을 비난하는 사람은 벌을 받게 되는, 누구나 그들이 하는 일에 무조건 협조해야 하는 특별한 권위를 지닌 사람들이 되었다. 이러한 그들의 권위는 가톨릭에서 한때 주장했던 교황무오설을 생각나게 한다.

† 마치면서

만인제사장주의는 민주주의 정신과 상통한다. 개신교는 500년 전에 선포된 모든 사람은 하나님 앞에서 평등하다는 만인제사장주의의 모토 위에 세워졌다. 개혁자들은 전제군주 시대에 만인제사장주의를 내세웠는데, 만인이 평등하다고 믿는 민주사회의 교회에서 만인제사장주의가 실종되었다는 것은 참으로 안타까운 일이다. 이 모토에 역행하고 민주사회의 정신에도 역행하는 목사들의 권위주의는 비판받아 마땅하다.

목사들이 그들의 권위나 특권의식을 스스로 버리기를 기다려서는 안 된다. 한번 권력을 쥔 사람은, 권력의 맛을 본 사람은 그 권력을 내놓으려 하지 않기 때문이다. 가진 사람은 더 가지려 하고, 권력을 잡은 사람은 더 많은 권력을 원하고 더 오랫동안 그 권력을 유지하려고 한다. 개신교를 개신교답게 만들기 위해서는 목사들이 입고 있는 권위의 옷을 벗기고 만인제사장주의를 실현해야 한다. 이 일을 위해서는 바보들이 반란을 일으키는 수밖에 없다.

더욱 문제가 되는 것은 목사들의 권위가 높아질수록 교회의 비리가 양산된다는 점이다. 중세교회에서도 사제들의 권위의식이 하늘 높은 줄 모르고 올라갔을 때, 교회가 부패의 늪에 빠지게 되었다. 교회 안팎에서 많은 사람이 한국교회가 타락해 간다고 걱정을 하는데, 대부분의 중직자들을 포함해서 교인들은 침묵하고 있다. 교회의 일은 내 알 바가 아니라고, 좋은 것이 좋다고 생각하면서, 목사를 비판하면 벌을 받게 된다고 몸을 사리면서 모두들 침묵하고 있다.

2. 침묵은 죄

아우슈비츠에서 살아남은 루마니아계 작가 엘리 위젤은 그의 소설 『밤』에서 아우슈비츠의 만행을 다루면서 그 악한 사람들의 편을 드는 것뿐 아니라 중도를 지키는 것도 죄라고 말한다. 알면서도 모르는 척하는 것은 바로 죄를 키우는 일에 협력하기 때문이란다. 침묵한다는 것은 어마어마한 죄이기에 그는 대다수가 침묵하는 가운데 말하기로 작정했다고 말하면서, 침묵은 죄라고 외친다.

그런데 안타깝게도 한국교회에서는 많은 사람들이 교회의 비리를 알면서도 침묵하고 있다. 오래 전부터 한국의 대형교회들의 비리가 널리 알려져 왔다. 담임목사를 중심으로 비리가 자행되는 것은 실상 해당 교회의 장로들과 교인들이 그 비리를 눈감아 주고 묵인하기 때문이다. 교회의 비리에 연루된 어느 목사는 설교단에서 공공연하게 "사람들이 나를 소재로 해서 엉터리 소설을 쓰고 있습니다. 내 설교를 들으려는 사람들이 있는 한 나는 설교를 하겠습니다."라고 말했다. 그 목사가 법정에서 실형을 받았는데도 그 사람이 연관된 비행이 허무맹랑한 소설이란 말인가? 교인들이 그 목사의 비리를 눈감아 주면서 아멘을 외치는 한 그

교회에서는 하나님의 의를 찾아볼 수 없고 그런 교회에는 희망이 없다. 사람이 많이 모이면 무슨 소용인가? 죄에 물들었던 소돔과 고모라는 결국 하나님의 저주를 받아 망하고 말았다.

어느 존경 받는 목사의 교회에 심각한 재정적 비리가 생겨서 그 소문이 퍼져 나갔다. 그러자 어느 기자가 그 문제를 취재하기 시작했다. 그때 그 비리에 대해서 잘 알고 있는 한 장로가 그 기자에게 그 사건에 대해서 자세한 정보를 제공했다. 그런데 기자가 그 사건을 기사화하자 그 교회의 장로들이 기자를 만나서 회유했다. 그 기자가 장로들에게 그러한 비리가 교회 안에서 일어났다면 장로들이 나서서 시정해야 하지 않겠느냐고 말하자, 장로들은 그러한 이야기가 밖으로 나가면 목사와 교회에 치명적인 일이 되기 때문에 덮어두는 것이 좋지 않겠느냐고 대답했다. 그 기자가 굽히지 않자 교회 측에서는 고발하겠다고 나섰다. 궁지에 몰린 기자는 자기에게 정보를 제공한 장로에게 법정에서 증언해 달라고 부탁했지만, 그 장로는 법정에 나가서 증언까지는 할 수 없다고 잘라 말했다. 결국 그 기자는 허위 기사를 쓴 사람이 되고 말았다. 이렇게 장로들이 목사와 함께 비리를 저지르고 눈감아 주는 곳에서 비리는 더욱 양산되게 마련이다.

사회에서는 비리를 드러내고 그런 비리가 다시 일어나지 않도록 개선해 나가고 있는데, 교회에서는 비리를 눈감아 주고 덮는다면 그 교회의 문제가 개선될 수 없을 뿐 아니라, 이런 교회는 사회보다 못하게 된다. 그런 교회는 세상의 소금이 되기는 고사하고 세상을 오염시키게 된다. 성경에서 세상과 짝하지 말라고 하는 것은 세상의 악에 물들지 말라는 말이다. 성경에서는 세상에서 내세우는 법적인 죄보다 한 차원 높은 도덕적인 죄까지 범하지 말라고 말한다. 그런데 교회에서 도덕적인 죄는 고사하고 법적인 죄까지도 눈감아 준다면, 그 교회를 그리스도의 몸이라고 말할 수 있겠는가? 사회에서 척결하려는 비리를 교회에서 방관한다면, 그리스도인들이 세상의 빛과 소금이 되어야 한다는 예수님의 말씀이 무색해지지 않겠는가?

† 김재환 감독의 〈쿼바디스〉

이렇게 답답한 한국교회에 김재환 감독의 〈쿼바디스〉는 신선한 바람을 일으켰다. 김 감독은 사랑의 교회, 여의도 순복음교회를 비롯한 한국 대형교회들의 문제점들과 비리를 다룬 다큐멘터리 영화를 만들었다. 그 영화에서 그는 대형교회가 기업체를 운영하면서 일으키는 사회문제, 화려한 초대형 교회 건물 신축, 대형교회 목사의 재정적 비리, 한국을 대표하는 목사들이 앞장서고 있는 교회 세습, 목사들의 성적 타락, 그리고 대형교회가 소규모의 지역교회에 미치는 악영향 등을 폭로하고 있다. 김 감독이 교회의 반대를 예상하면서 돈이 되지 않는 이 다큐멘터리 영화를 만든 것은 한국 대형교회의 비리를 폭로함으로써 한국교회가 개선되기를 바랐기 때문이었을 것이다.

그런데 놀랍게도 '한국교회언론회'라는 단체에서 이 영화를 "반 교회적이고 반 그리스도교적인" 영화로 규정했다. 그리고 메가박스, 롯데시네마, CGV에 이 영화를 상영하지 말라고 공문을 보내면서 이 영화를 상영하면 영화 불매운동을 벌이겠다고 엄포를 놓았다. 그뿐 아니라, 주요 교단들과 연합단체도 동참해 달라고 말했다. '언론회'라는 이름을 가진 이 단체는 언론이 해야 하는 비리를 비판하는 일과는 반대되는 일, 비리를 감싸는 일을 하고 있다. '한국교회언론회'는 38개 교단연합체와 보수교단 쪽의 입장을 대변하면서 교회를 옹호해 온 단체다. 그들은 무조건 교회를 감싸기만 하면 교회를 위하는 것이라고 생각하는 사람들, 무엇이 교회를 위한 것인지 모르는 우매한 사람들이다. 그래서 대형 영화관들에서는 〈쿼바디스〉가 상영되지 않았고 소형 예술 영화관에서만 상영되었다. 이 영화를 관람한 관객은 1만 명이 조금 넘는다고 하는데, 이 숫자는 한국 개신교인의 0.2%를 넘지 못한다.

한국 대형교회의 비리를 드러내는 이 영화의 관객 수가 이렇게 적은 것은 '한국교회언론회'의 조직적인 방해 공작 외에도 목사를 비방하거나 비판하면 벌을 받는다는 교인들의 생각이 작용했기 때문이다. 목사들은 자신들을 보호하기 위해서 목사의 마음을 아프게 하거나 목사에게 해를 끼치면 벌을 받는다고 교인들을 세뇌시켜 왔기 때문에, 신실한 교인을 자처하는 사람들은 벌을 받지 않기 위해서 목사의 비리를 눈감아 왔다. 그래서 교인들은 〈쿼바디스〉가 목사들의 비행을 폭로하는 영화라는 말을 듣고 목사를 비방하는 일에 관여하지 않으려고 그 영화를 보러가지 않았다. 이렇게 조직적으로 그리고 교인들이 교회의 비리를 눈감아 주는 곳이 개선될 수 있겠는가? 결국 비리의 온상이 되고 말 것이다. 그런 곳에는 희망이 없다.

우리가 계속 교회의 비리를 눈감아 준다면, 한국교회는 결국 죄 불감증에 걸렸던 중세교회처럼 되고 말 것이다. 중세교회에서는 독신생활을 해야 하는 감독들이 첩을 두고 사생아들을 낳았다. 고아원은 사제들과 수녀들 사이에서 난 아이들을 돌보기 위해서 중세의 수녀원에서 만들어졌다. 그리고 감독들은 재산을 축적하기 위해서 성직을 매매하고 온갖 비리에 관여했다. 성당을 대대적으로 건축하기 위해서 면죄부를 판매했고 그 면죄부 사건이 종교개혁의 불씨가 되었다는 것은 널리 알려진 사실이다.

한국교회 역시 죄 불감증에 감염되어 가고 있다. 그것은 대형교회에서부터 시작한다. 교회를 대대적으로 짓기 위해서 엄청난 빚을 지고, 교인들에게 지나친 헌금을 요구함으로써 교인들이 집을 담보로 대출을 받게 만든다. 그렇게 무리해 가며 교회건물을 지어놓고는 모든 것을 하나님이 이루어 주셨다고 선전한다. 교회가 기업체를 운영하는 등 재산 불리기에 혈안이 되어 있고, 성적으로 타락한 목사들이 나오고, 성직을 대물림하기도 한다. 분명히 이러한 일들은 예수님의 제자를 자처하는 목사들이 그리고 예수님의 몸된 교회가 저질러서는 안 되는 죄다.

† 마치면서

'한국교회언론회'에서는 〈쿼바디스〉로 인해서 "한국교회 전체가 입을 이미지 손상"을 걱정하고 이 영화가 "젊은이들을 교회에서 떠나도록 할 것"이라고 말했다. 그러나 그들의 말과는 달리 교회의 비리를 눈감아 주어서 그 비리들이 시정되지 않는 한 한국교회 전체가 입을 이미지 손상은 이루 말할 수 없을 것이며, 특히 젊은이들은 사회보다 못한 교회를 등지게 될 것이 뻔하다. 서기관들과 바리새인들을 저주하신 예수님은 당신의 교회에 먹칠을 하는 한국교회의 지도자들을 저주하실 것이 분명하다. "뱀들아 독사의 새끼들아 너희가 어떻게 지옥의 판결을 피하겠느냐"(마 23: 33)

서양의 교회는 교회 밖에서 불어오는 합리주의적 사고와 과학의 공격을 막아내지 못해서 점차 문을 닫아가고 있다. 그 외풍이 이미 한국에도 불어오고 있고 갈수록 심해질 것이 분명하다. 그런데 현재 한국교회에는 그러한 외풍보다도 내부에서 일고 있는 비리의 바람이 더욱 거세다. 외부의 바람을 막아내는 일도 어려울 판인데, 내부의 바람까지 거세게 불고 있으니 내외의 바람에 노출된 한국교회가 어떻게 이 어려움을 감당할지 참으로 걱정이다.

가톨릭교회의 교인은 늘고 있는데 반해서 개신교회의 교인이 해마다 줄어드는 것은 현대인들의 합리주의적 사고 탓이라기보다는 교회의 부패 때문인 것처럼 보인다. 교회가 비리의 온상이 되어 가기 때문에 실망한 교인들이 교회를 떠난다. 다시 말하지만, 비리를 눈감아 주는 곳에는 희망이 없다. 퇴락해 가는 한국교회를 회생시키기 위해서 우리가 입을 열 뿐만 아니라 행동해야 하지 않겠는가?

3. 지금은 결단해야 할 때

성경에서는 메시아로 오신 예수님은 평강의 왕이며 우리에게 화평을 주신다고 언급하고 있다. 누가복음에서는 천사들이 "땅에서는 하나님이 기뻐하신 사람들 중에 평화로다"(2:24)라고 노래하면서 평강의 왕의 탄생을 찬송한다. 그래서 찬송가 112장에서 예수님의 탄생을 "평강의 왕이 오시니"라고 노래한다. 데살로니가후서 3장에서도 예수님을 "평강의 주"(16)라고 언급하고 있다. 요한복음 14장에서는 예수님이 "평안을 너희에게 끼치노니 곧 나의 평안을 너희에게 주노라"(27)고 말씀하시고, 같은 복음서 16장에서도 "너희로 내 안에서 평안을 누리게 하려 함이라"(33)고 말씀하신다.

예수님은 화평의 복음, 사랑의 복음을 우리에게 전하셨다. 특히 마태복음 5장에서 예수님은 "화평하게 하는 자는 복이 있나니 그들이 하나님의 아들이라 일컬음을 받을 것임이요"(9)라고 말씀하시면서, 형제와 화목하고(21-24), 형제를 돕고(38-42), 형제를 일곱 번씩 일흔 번이라도 용서하며 사랑하라(43-48)고 가르치셨다. 예수님은 인간에 대한 하나님의 사랑을 전하셨고, 하나님이 인간을 사랑하시는 것처럼 서로 사랑할 것을 가르치셨다. 이 사랑 가운데서 평화가 꽃피게 된다.

† 검을 드신 예수님

그런데 이 화평의 왕이 "내가 세상에 화평을 주러 온 줄로 생각하지 말라 화평이 아니요 검을 주러 왔노라"(마 10:34)고 말씀하셨다. 이 말씀을 어떻게 이해해야 할까? 평강의 예수님이 하나님의 말씀을 외면하는 사람들, 성령을 모독하는 사람들에 대해서는 검을 들고 단호하게 맞섰다. 마태복음 12장에서 보면 사람들이 귀신 들려서 눈멀고 말 못하는 사람을 데리고 예수님께 왔을 때, 예수님이 그 병자를 고쳐주신다. 그러자 바리새인들이 귀신의 왕 바알세불을 힘입어서 귀신을 쫓아낸 것이라고 말하면서 예수님을 사탄의 무리로 취급한다. 그러자 예수님은 그들을 "독사의 자식들"(34)이라고 부르시면서 그들이 심판 날에 정죄함을 받으리라고 그들을 저주하신다.

이때에 예수님은 "내가 너희에게 이르노니 사람에 대한 모든 죄와 모독은 사하심을 얻되 성령을 모독하는 것은 사하심을 얻지 못하겠고"(31)라고 말씀하신다. 이 말씀에서 주목할 것은 만약 바리새인들이 예수님을 촌사람이라고 혹은 무식한 목수의 아들이라고 그분의 인간적인 약점을 언급하면서 비하하는 말을 했다면, 예수님이 그들의 비방을 참고 용서하셨을 것이다. 그러나 예수님이 바알세불을 의지한다는 말은 성령을 모독하는, 하나님의 아들로서의 예수님을 불신하는, 다시 말해서, 그리스도교 신앙의 근간을 흔드는 말이기 때문에 예수님은 바리새인들의 말을 듣자 화를 내시고 저주하셨다.

우리는 다시 마태복음 23장에서 예수님이 당신의 천국복음을 받아들이지 않는, 당신이 하나님의 아들임을 믿지 않고 당신을 배척하는 유대교 지도자들을 저주하신 것을 본다. "화 있을 진저 외식하는 서기관들과 바리새인들이여"를 일곱 번이나 반복하시면서 그들을 "뱀들아 독사의 새끼들아 너희가 어떻게 지옥의 판결을 피하겠느냐"(33)고 말씀하신다. 여기서 우리는 진리를 훼방하는 자들에 대해서는 투사로 변하시는 예수님을, 그들을 용서하시지 않고 칼을 휘두르시는 예수님을 본다.

우리가 마태복음 10장에 언급된 화평을 주러 온 것이 아니고 "검을 주러 왔노라"는 말씀을 위에서 언급한 두 경우와 연관시키면 그 의미를 쉽게 이해할 수 있다. 아들과 아버지, 딸과 어머니는 인간적인 관계에서는 서로 의견이 다르고 다툼이 있어도 서로 용서하고 사랑해야 하지만, 신앙적인 면에서 대립할 때는 설사 부자 사이라도, 모녀 사이라도 용납해서는 안 된다는 것이다. 만일 육친의 부모를 사랑하기 때문에 예수님을 버린다면, 그 사람은 예수님에게 합당한 사람이 아니다. 예수님을 믿고 따르는 데에 저촉이 되는, 예수님을 비방하는 어떤 사람과도 타협해서는 안 된다. 따라서 신앙의 문제에서는 집안 식구조차 검을 들고 싸워야 할 원수가 될 수 있다.

지금 많은 사람들이 한국교회가 추락하고 있다고 말하고 있다. 한국교회를, 주님의 몸 된 교회를 추락시키는 사람들은, 성스러운 교회를 부정과 비리의 집단으로 만드는 사람들은 성령을 모독하는 사람들, 복음전파를 훼방하는 사탄의 세력이다. 그들이 나의 형제라 하더라도, 부모라 하더라도, 우리 교회의 중직자라 하더라도, 목사라 하더라도 우리는 검을 들고 그들과 맞서 싸워야 한다. 그런데 한국교인들은 검을 들려고 하지 않는다. 성령을 모독하는 죄를 짓는 사람들을 보고서도 그들을 정죄하려고 하지 않고 오히려 그들의 편을 들면서 평강의 왕만을 찬양한다.

† 검을 든 개혁자들

교회의 역사에서 보면 교회가 부패했을 때 교회를 구하기 위해서 검을 들고 나선 개혁자들이 있었다. 16세기에 종교개혁자들이 개혁의 깃발을 들기 이전에도 교회가 부패했을 때 여러 사람들이 교회를 구하기 위해서 일어섰다. 그들은 주님의 몸된 교회가 사탄의 세력에 휩쓸려 부패할 때 그리고 주님이 선포하신 복음으로부터 이탈할 때 그들과 맞서서 싸웠다. 교회를 개혁하려는 그들의 싸움은 "검을 주러 왔노라"는 예수님의 말씀에 근거한 성경적인 행동이었다.

313년 콘스탄티누스 대제가 밀라노 칙령을 발표하여 그리스도교를 공인한 후 교회는 세속권력과 야합하면서 부패하기 시작했다. 그때 신앙의 순수성을 회복하기 위해서 베네딕투스의 지도 아래 세워진 베네딕도 수도회는 타락한 교회에 맞서서 영적 쇄신을 위해 싸웠다. 그러나 9세기 초부터 이 수도회도 신자들의 재산 헌납과 귀족들의 토지 기부로 수도원이 부유하게 되고 봉건영주에게 통합되면서 정치권력에 봉사하게 되었다. 그러자 10세기 초부터 클뤼니 수도회가 일어나 개혁운동을 일으켰다. 그 후 교회가 다시 세속에 물들어 부패하게 되자 11세기 말에 시토 수도회가 호사스러운 생활을 거부하며 복음적 가난을 실천하려는 개혁운동을 벌였다. 수도원 중심의 개혁운동 외에 교황이 주도한 개혁운동도 있었다. 소위 그레고리우스 개혁은 1049년에 시작해서 1123년까지 지속되었다.

16세기에 일어난 종교개혁 역시 교회를 개혁하려는 사람들의 대대적인 개혁운동이었다. 그 이전의 교회개혁 운동은 가톨릭교회 안에서 일어난 개혁이었지만, 종교개혁은 부패한 가톨릭교회를 버리고 새로운 교리 위에 교회를 세운 혁신운동이었다. 개혁자들의 새로운 교리로 인해서 개신교회는 가톨릭교회로부터 이단으로 정죄되었고 가톨릭교회와 개신교회 사이에는 피를 흘리는 처절한 싸움이 한동안 계속되었다. 특히 1618-1648년 사이에 독일을 중심으로 일어난 30년 전쟁 동안 구교와 신교는 자기들의 신앙을 지키기 위해서 총과 칼을 들고 수많은 생명을 살상했다.

20세기에 오면 중남미의 가톨릭교회에서 교회를 개혁하려는 해방신학 운동이 일어났다. 가난하고 억압받는 사람들을 경제적 착취, 정치적 탄압 등의 고통으로부터 해방시키는 것이 교회의 임무라고 생각한 일단의 사제들이 1960년대 말에 사회운동에 적극 참여했다. 콜롬비아의 카미로 트레스 같은 신부는 직접 게릴라에 참가해서 1966년 전사하기도 했다. 해방신학자들은 실제로 검을 들고 나선 개혁자들이었다.

바티칸에서 새로운 수장으로 해방신학의 본거지에서 성장한 프란치스코 교황을 선출한 것은 전임 교황들의 재임기간 동안에 있었던 교회의 부패를 개혁하려는 속내를 드러내는 일이다. 20세기 후반에 중남미의 가톨릭교회를 개혁하기 위해서 일어난 해방신학자들이 이제는 전 세계의 교회를 개혁하고 있다. 지금까지의 이야기에서 드러나는 것처럼 교회의 역사는 교회 개혁의 역사라고 말할 수 있다.

† 마치면서

한국의 대형교회에서 나타나는 부패의 원인은, 과거에 개혁의 대상이 되었던 교회들에서 나타난 것과 마찬가지로, 돈과 권력이다. 수천 명씩, 수만 명씩 모이는 교회에서 십일조로 들어오는 교회수입이 교회를 운영하고 남아돌기 때문에 교회 건물을 웅장하게 신축하고 남는 돈으로 비자금을 만들어서 기업체에 투자하고 자식들을 위해서 빼돌린다. 그리고 돈 맛을 보고 권력 맛을 본 목사들은 더 많은 돈, 더 큰 명예와 권력을 탐하게 된다. 목회자들에게 돈을 모으고 권력을 누릴 수 있는 여건을 만들어 주고 나서 돈이나 명예를 탐하지 말라고 말하는 것은 모순이다.

교회를 부패에서 건지려면 무엇보다 먼저 교회가 많은 돈을 모으지 말아야 한다. 돈이 넘치면, 개인이든 단체든, 그것이 종교단체라도 타락하게 되어 있기 때문이다. 대형교회에 돈이 넘치는 것은 십일조를 강요하고 많은 헌금을 내게 하기 때문이다. 실상 신약시대에 와서 십일조를 강조하는 것은 시대착오적인 발상이다. 십일조는 레위 지파를 위한 구약시대의 규정이어서 제사장 제도가 폐기된 신약시대에 와서는 실시될 필요가 없기 때문에, 십일조 시행을 반대하는 것은 성경적이다. 바울의 표현을 따르면, 헌금은 자원하는 마음으로 드려야 한다. 그리고 하나님의 은혜에 감사하는 마음으로 드려야 한다. 그런데 헌금이 요구사항이 되거나 의무사항이 되면, 특히 헌법에 규정된 법조항이 되면 그것은 율법주의적 신앙생활이 된다. 그러면 은혜의 시대를 율법의 시대로 되돌려 놓는 일이 벌어진다.

그리고 교회에 돈이 넘치는 것은 천국에 보물을 쌓아두는 일을 게을리 했기 때문이다. 예수님은 구원받을 길을 묻는 부자 청년에게 모든 재산을 팔아 가난한 자들에게 나누어 주고 와서 당신을 따르라고 말씀하셨다. 교회가 대형건물을 지었다는 것, 교인이 수만 명이라는 것은 결코 자랑일 수 없다. 그것은 나누어 주지 않았다는 것을 말하기 때문이다. 부유한 교회는 교회를 분립하고, 개척교회를 세우고, 미자립 교회들을 돕고, 자선단체를 세우는 일에 돈을 써야 한다. 가난하고 소외된 사람들에게 재물을 나누어 주어야 한다. 은행에 남아도는 돈이 없도록 나누어 주어야 한다.

다음으로는 목사들이 전횡하지 못하도록 해야 한다. 개신교는 개교회주의적이기 때문에 목사의 전횡을 통제하거나 제재할 수 있는 방법이 거의 없다. 그렇다고 해서 지금 중앙의 통제를 강화하는 제도를 도입할 수도 없는 일이다. 따라서 목사의 전횡을 막는 길은 각 교회의 당회나 기획위원회의 권한을 강화하고 장로들이 바로 서는 수밖에 없는데, 한국교회의 형편상 장로들이 바로 서기를 크게 기대하기도 힘들다. 그러면 그리스도교 언론들이 언론기관 본연의 비판적인 일을 감당해야 한다. 그런데 큰 교회의 지원을 받는 그리스도교 방송들에게 그런 일을 기대할 수도 없다. 그러면 전혀 희망이 없단 말인가?

요즘 몇몇 인터넷 매체들이 비판적인 일에 앞장 서는 것은 희망적인 일이다. 김재환 감독처럼, 한국교회를 개혁하려는 사명감을 가진 일꾼들을 발굴하고 그들이 일할 수 있도록 후원하고 힘을 실어 주어야 한다. 요즘은 칼보다도 언론이 위력이 있기 때문에 교회의 부패를 막기 위해서는 그리고 목사들의 전횡을 막기 위해서는 교회를 비판하는 언론기관을 세우는 것이 가장 효과적인 방법이다. 이 일을 위해서 앞장서는 지도자들이 필요하다. 교회사에서 보면 교회의 개혁을 주도한 사람들은 신학자들과 목회자들이었다. 우리의 경우에도 무너져 가는 한국교회를 바로 세우겠다는 소명의식을 지닌 교회지도자들이 나서야 한다. 지도자들이 구경만하고 행동하지 않을 때 한국의 교회는 더 깊은 타락의 수렁으로 빠져 들게 될 것이다. 그래도 좋은가!?

그리고 예수님이 예루살렘에 입성하실 때 군중이 예수님을 환영했던 것처럼, 교인들이 나서서 부패한 한국교회를 새롭게 세우려는 지도자들의 개혁을 응원해야 한다. 교인들이 침묵을 지키지 말고 입을 열어서 외쳐야 한다. 아무리 지도자들이 개혁의지를 가지고 앞장서서 헌신한다 하더라도 그들에게 동조하는, 그들을 응원하는 교인들이 없다면 그들이 주도하는 개혁운동이 성공할 수 없다. 법궤를 앞세워 돌고 나서 제사장들이 양각나팔을 불고 백성들이 큰 소리로 외칠 때 견고한 여리고성이 무너졌다. 응원하기는 고사하고 교인들이 부정과 비리를 자행하는 목사들을 계속 감싼다면 한국교회에는 희망이 없다. 예수님이 그 우매한 사람들에게 말씀하실 것이다. "화 있으리로다. 진리를 분간하지 못하는 자들이여. 너희가 어떻게 지옥의 판결을 피하겠느냐?"

그동안 많은 신앙의 용사들이 한국교회의 개혁을 위해서 외치고 싸우다가 현실 교회의 벽 앞에서 실망과 좌절을 겪었다. 이사야서에서 보면 타락한 인간들로 하여금 하나님께로 돌이키게 하는 일이 너무도 어려워서 하나님조차 화를 내시고 그들을 저주하기도 하셨다. 바알 선지자들과 대결해서 이겼던 위대한 선지자 엘리야도 이세벨에게 쫓길 때 절망에 빠지고, 루터 같은 열정적인 사람도 개혁을 추진하다가 실의에 빠졌었다. 그러나 엘리야도 루터도 다시 일어섰다. 그래서 엘리야는 죽지 않고 천국에 올라가는 영광을 얻었고 루터는 교회사에서 큰 획을 긋는 종교개혁을 이루어 냈다.

현실 교회의 벽이 아무리 높아도 한국교회가 깊은 타락의 나락으로 추락하고 있는 현실을 보면서 개혁운동을 멈출 수는 없다. 그 개혁 운동을 멈출 때 한국교회에는 희망이 없기 때문이다. 주님의 교회가 무너지고 말 것이기 때문이다. 선지자적 목소리가 들리지 않는 곳에는, 선지자적 헌신이 멈춘 곳에는 절망이 있을 뿐이다. 하나님은 당신의 교회가 되락하는 것을 결단코 바라시지 않을 것이다. 바로 그 하나님이 우리와 함께 하실 것을 굳게 믿어야 한다. 우리가 힘들 때, 포기하고 싶은 유혹을 받을 때, 갈라디아서에 나오는 바울 사도의 권면을 마음에 새기자. "우리가 선을 행하되 낙심하지 말지니 포기하지 아니하면 때가 이르매 거두리라"(6:9)

하나님이 타락한 이스라엘을 구하기 위해서 보낼 사람을 찾고 있었던 것처럼, 지금 주님은 부패한 한국교회의 개혁을 위해서 그리고 무너져 가는 교회를 일으켜 세우기 위해서 개혁에 동참할 일꾼들을 부르고 계신다. 우리는 이 부름에 귀 기울이고 이사야처럼 "내가 여기 있나이다 나를 보내소서"라고 응답해야 한다.

지금은 우리 모두가 결단해야 할 때다. 쓰러져 가는 한국교회를 그저 보고만 있을 것인가, 그렇지 않으면 그 교회를 다시 세우기 위해서 힘을 합할 것인가. 기도만 하고 목회자들의 의식이 바뀌기만을 기다릴 것인가, 그렇지 않으면 그리스도의 몸 된 교회를 위해 나가서 싸울 것인가. 이 싸움은 바로 당신에게 맡겨진 십자가를 지는 일이다. 주의 교회를 지키기 위한 순교자적인 결단이 요구되는 일이다. 당신은 결단해야 한다. 너무 늦기 전에 결단해야 한다.

586장 찬송은 우리에게 선택과 결단을 요구한다. "어느 민족 누구에게나 결단할 때 있나니, 참과 거짓 싸울 때에 어느 편에 설 건가. 주가 주신 새 목표가 우리 앞에 보이니, 빛과 어둠 사이에서 선택하며 살리라. . . . 순교자의 빛을 따라 주의 뒤를 좇아서, 십자가를 등에 지고 앞만 향해 가리라. 새 시대는 새 사명을 우리에게 주나니, 진리 따라 사는 자는 전진하리 언제나."